Leicht § Lernen

Bürgerliches Recht in Frage und Antwort von Prof. Dr. Dieter Klett

Bibliographische Information der Deutschen Nationalbibliothek: Die Deutsche Nationalbibliothek verzeichnet diese Publikation in der Deutschen Nationalbibliographie; detaillierte Daten sind im Internet über "http://dnb.dnb.de" abrufbar.

ISBN 10: 148 208 2462
ISBN 13: 978 – 148 208 2403

Impressum

Deutschland Bergisch Gladbach, Hebborner Str.174
Verlag: Createspace Independent Publishing Platform, USA
Exklusivvertrieb: Amazon S.A.R.L Luxemburg
Druck: Amazon Distribution GmbH, Deutschland Leipzig

Bürgerliches Recht

- Frage und Antwort -

Prof. Dr. **Dieter Klett**

2. Ausgabe

Hrsg. Klett 2013

Vorwort

Der Fragenkatalog wendet sich an alle Studierende der Rechtswissenschaften und Wirtschaftswissenschaften für die ersten Schritte im bürgerlichen Recht an Universitäten, Fachhochschulen, Akademien und Fortbildungseinrichtungen in der beruflichen Weiterbildung.

Gegenstand sind die ersten drei Bücher des BGB: Allgemeiner Teil, Schuldrecht und Sachenrecht. Fragen und Antworten sind ein unentbehrlicher Studienbegleiter. Die Auswahl der Fragen beruht auf einer jahrzehntelangen bewährten Praxis in der Lehre und war für Generationen von Studierenden hilfreich.

Das vollständige Fragenspektrum der überwiegend leichten Fragen der ersten drei Bücher des BGB setzt keine juristischen Vorkenntnisse voraus und kann als Einführung gelesen oder als eine umfassende Vorbereitung für mündliche oder schriftliche Prüfungen dienen. Die Einhaltung einer bestimmten Reihenfolge der Bearbeitung der Fragen zur Einführung, Wiederholung oder Vertiefung ist nicht erforderlich. Die gesicherten Antworten bewähren sich zudem bei gegenseitigen Abfragen in Arbeitsgemeinschaften.

Es ist das besondere pädagogische Anliegen dieser Reihe "leicht lernen", das Lernen zu erleichtern und unter Verwendung moderner exklusiver Kommunikations- und Vertriebswege das auf jahrzehntelanger Erfahrung beruhendes Lehrmaterial besonders preisgünstig als e-book oder als print-Ausgabe anzubieten.

Amazon bietet für das e-book unter *www.amazon.de/gp/kindle/kep* kostenlose Software als Lese-App zum downloaden an. Mit dieser Software kann das e-book nicht nur auf dem Kindle sondern jederzeit und überall, zu Hause oder unterwegs auf dem PC, auf dem Kindle oder einem anderen Tablet-Computer, auf einem i-phone oder Android-smartphone gelesen werden. Das Kindle Lese-App ist für alle führenden Computer, Tablets und smartphones erhältlich, unabhängig von Windows, mac oder linux: Der Zeitaufwand für den Besuch von Bibliotheken ist reduziert. Amazon sagt dazu: einmal kaufen, überall lesen. Und da Amazon dem Käufer von e-books kostenlos sämtliche folgenden Ausgaben dieses Buchs anbietet, kann man hinzufügen: einmal kaufen und sämtliche weitere Ausgaben kostenlos beziehen.
Der Leser des e-books ist stets auf dem neuesten Stand.

Bergisch Gladbach den 1.3.2013 Dieter Klett

Inhaltsverzeichnis

Teil 1. Allgemeiner Teil des BGB Fragen 1 - 171 3

Teil 2. Allgemeines Schuldrecht Fragen 172 – 422 52

Teil 3. Vertragliche Schuldverhältnisse Fragen 419 - 546 82

Teil 1. Allgemeiner Teil des BGB

§ 1. Grundlagen des Rechts und Rechtsquellen Fragen 1 – 16

1. *In welche beiden Bereiche wird das deutsche Rechtssystem eingeteilt ?*

Das Rechtssystem wird in das öffentliche Recht und das private Recht (= Zivilrecht) eingeteilt.

2. *Was ist der Gegenstand des **öffentlichen Rechts** ?*

Das öffentliche Recht ist der Teil des Rechtssystems, in dem die Normen
- die Rechtsbeziehungen zwischen den verschiedenen **staatlichen Institutionen untereinander** und
- das Verhältnis zwischen **Staat** und **Bürgern**

ordnen.

3. *Nennen Sie Beispiele für Rechtsquellen und Rechtsgebiete des öffentlichen Rechts.*

Verfassungsrecht (Grundgesetz, Länderverfassung), Verwaltungsrecht, Gewerberecht (Gewerbeordnung, Handwerkordnung), Baurecht (Baugesetzbuch), Polizeirecht (Polizeigesetze der Länder), Strafrecht (Strafgesetzbuch), Sozialrecht (Sozialgesetzbuch), Steuerrecht (Abgabenordnung, Einkommensteuergesetz usw.).

4. *Erläutern Sie den Begriff des **Privatrechts (Zivilrechts)**.*

Das private Recht (= Zivilrecht) regelt die Rechtsbeziehungen der Staatsbürger untereinander.

5. *Nennen Sie Beispiele aus dem Bereich des Privatrechts.*

Bürgerliches Recht (Bürgerliches Gesetzbuch), Handelsrecht (Handelsgesetzbuch), Gesellschaftsrecht (Handelsgesetzbuch, Aktiengesetz, GmbH-Gesetz).

6. *Welche praktische Bedeutung hat die Unterscheidung zwischen öffentlichem Recht und Privatrecht ?*

Die Bedeutung der Unterscheidung liegt einmal in der Wahl des Rechtswegs für Rechtsstreitigkeiten.
Zudem gelten unterschiedliche allgemeine Rechtsgrundsätze. Im Zivilrecht stehen sich Gleichberechtigte gegenüber, während im öffentlichen Recht auf der einen Seite die öffentliche Hand einseitig die Rechtsgrundsätze festlegen kann, die zwischen ihr und dem Bürger gelten sollen. Diese Allmacht der öffentlichen Hand muss in viel größerem Umfang durch zwingend geltende Rechtsgrundsätze eingeschränkt werden, als dies im Zivilrecht notwendig ist, um einer willkürlichen Behandlung im Einzelfall vorzubeugen.

7. *In welchem Verhältnis stehen Bürgerliches Recht und Privatrecht zueinander ?*

Das Bürgerliche Recht ist eine Teilmaterie des Privatrechts. Das bürgerliche Recht betrifft alle Bürger.
Ein „Sonderprivatrecht" ist dagegen beispielsweise das Handelsrecht. Es gilt nur für Kaufleute.

8. *Was versteht man unter dem **Gewohnheitsrecht**, wie verhält es sich zum geschriebenen Recht, und welcher Umstand ist für seine Herausbildung in heutiger Zeit die Regel ?*

1. Gewohnheitsrecht ist die aus Rechtsüberzeugung von den Beteiligten langjährig anhaltend geübte Praxis.
2. Gewohnheitsrecht tritt im Verhältnis zum Gesetz immer zurück („**Gesetzesperfektionismus**").
3. Häufig bildet sich Gewohnheitsrecht im Anschluss an eine ständige Rechtsprechung.

9. *Was versteht man unter dem Begriff „**nachgiebiges Recht**" ?*

Nachgiebiges Recht (= dispositives Recht) kann im Rahmen der Privatautonomie abgeändert werden (Vertrags- und Testierfreiheit).
Das nachgiebige Recht kommt zur Anwendung, wenn die Parteien nichts anderes geregelt haben.

10. *Was bedeutet **Privatautonomie***

Das BGB baut auf dem Grundsatz der Privatautonomie auf.
Unter Privatautonomie versteht man, dass die Gestaltung der Lebensverhältnisse, insbesondere der wirtschaftlichen Beziehungen zwischen den einzelnen Privatpersonen, durch die Beteiligten in Selbstbestimmung erfolgen kann.
Wichtigste Ausprägung der Privatautonomie ist die **Vertragsfreiheit.** Die Ver-

tragsfreiheit steht im Zentrum der Rechtsgeschäftslehre. Weitere Ausprägungen der Privatautonomie sind die Vereinigungsfreiheit und die Testierfreiheit.

11. *Welche Bedeutung hat der Grundsatz der Privatautonomie für den Abschluss von Verträgen ?*

Der Abschluss von Verträgen steht unter der Prämisse der Privatautonomie . Die **Vertragsfreiheit** gewährleistet die **Abschlussfreiheit**, die **Inhaltsfreiheit** und die **Formfreiheit.**

12. *Welche Konsequenzen hat es, wenn ein Rechtsgeschäft gegen zwingendes Recht verstößt ?*

Das Rechtsgeschäft ist nichtig (§ 134 BGB).

13. *Nennen Sie Beispiele für Rechtsbereiche mit gesetzlichen Verboten.*

Das SchwarzarbeitsG, das RechtsberatungsG, das KartellG enthalten z.B. derartige Verbote.

14. *Was versteht man unter dem Grundsatz von **Treu und Glauben** ?*

Der Grundsatz von Treu und Glauben beherrscht die gesamte Rechtsordnung. Jedermann hat in der Ausübung seiner Rechte und in der Erfüllung seiner Pflichten nach dem Grundsatz von Treu und Glauben zu handeln.
Recht bedeutet nicht nur Macht sondern auch die Pflicht und die Verantwortung gegenüber dem anderen und gegenüber der Allgemeinheit.
„Glauben" bedeutet das Vertrauen auf eine solche Haltung.

15. *Wo ist der Grundsatz von **Treu und Glauben** im BGB niedergelegt ?*

Dieser Grundsatz ist in den §§ 157 und 242 BGB niedergelegt. Diese Bestimmungen befassen sich mit der Auslegung von Verträgen und mit der Erfüllung von Schuldverhältnissen.

16. *Wie ist das BGB aufgebaut ?*

Das BGB ist in fünf Hauptabschnitte, "Bücher" genannt, unterteilt; nämlich:
1. Allgemeiner Teil,
2. Schuldrecht,
3. Sachenrecht,
4. Familienrecht,
5. Erbrecht.

17. *Welche Funktion hat der Allgemeine Teil des Bürgerlichen Gesetzbuches ?*

Der Allgemeine Teil des BGB enthält die allgemeinen Regeln, die auch für die übrigen Bücher des BGB gelten, sofern dort keine Sondernormen eingreifen. Im Allgemeinen Teil des BGB (§§ 1 bis 240) sind vor allem Vorschriften über Personen und Rechtsgeschäfte enthalten.

§ 2. Rechtssubjekte (Rechtsfähigkeit, Geschäftsfähigkeit, Deliktfähigkeit)

Fragen 18 – 37

18. *Was bedeutet der Begriff **Rechtsfähigkeit**; wie hängt dieser Begriff mit dem Begriff Rechtssubjekt zusammen ?*

Unter diesem Begriff versteht man die Eignung, Träger von Rechten und Pflichten zu sein.
Die Rechtsfähigkeit ist die notwendige Grundeigenschaft eines jeden Rechtssubjekts.

19. *Wer besitzt die Rechtsfähigkeit ?*

Rechtsfähigkeit besitzen
- die **natürlichen Personen**,
- die **rechtsfähigen Personengesellschaften** und
- die **juristischen Personen.**

20. *Wer kann Rechtssubjekt sein ?*

Rechtssubjekte sind alle natürlichen Personen, die sogenannten juristischen Personen des Zivilrechts sowie des öffentlichen Rechts und die rechtsfähigen Personengesellschaften.

21. *Gibt im deutschen Recht Menschen ohne Rechtsfähigkeit, oder gibt es beispielsweise Einschränkungen der Rechtsfähigkeit für Ausländer ?*

Menschen ohne Rechtsfähigkeit gibt es im deutschen Recht nicht.
Auch für Ausländer gibt es keine Einschränkungen.
In der deutschen Rechtsordnung können alle Menschen, unabhängig von ihren sonstigen persönlichen Verhältnissen, Träger von privatrechtlichen Rechten und Pflichten sein.

22. *Kann ein Hund zu einem Erben eingesetzt werden ?*

Nein. Tiere sind im deutschen Recht nicht rechtsfähig.
Tiere sind keine Sachen, auf sie werden jedoch grundsätzlich die für Sachen geltenden Vorschriften entsprechend angewandt (§ 90 a Satz 3 BGB).

23. *Wann beginnt die **Rechtsfähigkeit** des Menschen ?*

Rechtsfähig ist der Mensch mit der **Vollendung der Geburt** (§ 1 BGB).

24. *Wann endet die Rechtsfähigkeit des Menschen ?*

Die Rechtsfähigkeit des Menschen endet mit seinem Tode.

25. *Wann ist der **Tod** als eingetreten anzusehen ?*

Nach der derzeitigen herrschenden medizinischen und juristischen Auffassung tritt der Tod mit dem Zeitpunkt ein, in dem keine Gehirnströme mehr fließen (sog. **Hirntod).**

26. *Was versteht das Gesetz unter einem "**Verbraucher**"*

Ein Verbraucher ist jede natürliche Person, die ein Rechtsgeschäft zu einem Zwecke abschließt, der weder ihrer gewerblichen noch ihrer selbständigen beruflichen Tätigkeit zugerechnet werden kann (§ 13 BGB).

27. *Was ist ein "**Unternehmer**" ?*

Ein Unternehmer ist eine natürliche oder juristische Person oder eine rechtsfähige Personengesellschaft, die bei Abschluss eines Rechtsgeschäfts in Ausübung ihrer gewerblichen oder selbständigen beruflichen Tätigkeit handelt (§ 14 BGB).
Der Begriff des Unternehmers deckt sich nicht mit dem des Kaufmanns in § 1 HGB.
Er umfasst Kleingewerbetreibende, Künstler, Freiberufler und Landwirte.

28. *Was versteht man unter einem "**Verbrauchervertrag**" ?*

Verbraucherverträge werden Verträge zwischen einem Verbraucher und einem Unternehmer genannt (§ 310 Abs.3 BGB).
Für Verbraucherverträge gelten teilweise zum Schutz der Verbraucher besondere Regeln bei Haustürgeschäften (§ 312 BGB), Fernabsatzverträgen (§ 312 b BGB) und Verbrauchsgüterkäufen (§ 474 BGB).

29. *Was versteht man unter einer **juristischen Person** ?*

Juristischen Personen sind fiktive, gedachte Gebilde, die nicht real existieren. Sie werden durch einen „Kunstgriff" der Rechtsordnung als Rechtssubjekte anerkannt und ähnlich den natürlichen Personen behandelt.

30. *Wann erlangen **juristische Personen Rechtsfähigkeit** ?*

Juristische Personen erlangen die Rechtsfähigkeit mit der Eintragung in das Vereinsregister, Handelsregister oder Genossenschaftsregister.

31. *Was versteht man unter einer **rechtsfähigen Personengesellschaft** ?*

Eine rechtsfähige Personengesellschaft ist eine Personengesellschaft, die wie eine juristische Person selbständig Träger von Rechten und Pflichten ist.
Im Unterschied zur juristischen Person haften die Gesellschafter neben der rechtsfähigen Gesellschaft jedoch auch **persönlich**.

32. *Was bedeutet **Geschäftsfähigkeit**; in welchem Verhältnis steht diese Eigenschaft zur Rechtsfähigkeit ?*

Unter der Geschäftsfähigkeit versteht man die Möglichkeit einer natürlichen Person, rechtswirksam persönlich am Rechtsverkehr teilzunehmen, insbesondere eigenverantwortlich Rechtsgeschäfte abzuschließen.
Die Geschäftsfähigkeit einer Person hängt von ihrem Alter und von ihrem geistigen Zustand ab.
Rechtsfähig ist ein Mensch mit Vollendung der Geburt demgegenüber stets.

33. *Wer ist **geschäftsfähig** ?*

Die Geschäftsfähigkeit richtet sich nach Altersstufen und nach bestimmten persönlichen Eigenschaften:
a. **Geschäftsunfähig** ist, wer das 7. Lebensjahr noch nicht vollendet hat, oder wer sich in einem die freie Willensbestimmung dauernd ausschließenden Zustand krankhafter Störung der Geistestätigkeit befindet.
b. **Beschränkt geschäftsfähig** ist, wer zwar das 7., nicht jedoch das 18. Lebensjahr vollendet hat.

34. *Können juristische Personen geschäftsunfähig werden ?*

Nein, das ist nicht möglich.
Juristische Personen haben zwingend Organe, die die Geschäfte führen.

35. *Welche Rechtsfolge hat die Abgabe einer Willenserklärung durch einen **Geschäftsunfähigen** ?*

Willenserklärungen eines Geschäftsunfähigen sind nichtig (§ 105 Abs.1 BGB).

36. *Minderjährige, die das siebente Lebensjahr vollendet haben, sind bis zur Vollen dung des achtzehnten Lebensjahres "**beschränkt geschäftsfähig**". Was ist darunter zu verstehen ?*

a. Der Minderjährige bedarf zu einer Willenserklärung, durch die er nicht le diglich einen rechtlichen Vorteil erlangt, der Einwilligung seines gesetzli chen Vertreters (§ 107 BGB).
b. Schließt der Minderjährige einen Vertrag ohne die erforderliche Einwilli gung des gesetzlichen Vertreters, so hängt die Wirksamkeit des Vertrages

von der Genehmigung des Vertreters ab (§ 108 BGB).

37. *Gibt es **Ausnahmetatbestände**, wonach auch ein beschränkt Geschäftsfähiger rechtswirksame Erklärungen abgeben kann ?*

Ja, die gibt es.

a. **Generelle Einwilligung:**
Wenn einem Minderjährigen ein bestimmter Handlungsbereich erlaubt ist (z.B. Studienreise, Internatsaufenthalt), gelten mit der Genehmigung dieses Bereichs auch alle damit notwendigerweise verbundenen Rechtsgeschäfte als gestattet. Solche Generaleinwilligungen sind im Hinblick auf den Minderjährigenschutz eng auszulegen.

b. **Taschengeldparagraph** (§ 110 BGB):
Ein von einem Minderjährigen ohne Zustimmung des gesetzlichen Vertreters geschlossener Vertrag gilt als von Anfang an wirksam, wenn der Minderjährige die vertragsgemäße Leistung mit Mitteln bewirkt, die ihm zu diesem Zwecke oder zur freien Verfügung von dem gesetzlichen Vertreter oder mit dessen Zustimmung von einem Dritten überlassen worden sind. Voraussetzungen ist aber, dass die Leistung bereits „bewirkt" wurde (also nur für Bargeschäfte).

c. Eingehung von **Dienst- und Arbeitsverhältnissen** und **selbständiges Erwerbsgeschäft:**
Wird der Minderjährige ermächtigt, „in Dienst oder in Arbeit zu treten", so ist er für solche Rechtsgeschäfte unbeschränkt geschäftsfähig, welche die Eingehung oder Aufhebung eines Dienst- oder Arbeitsverhältnisses der gestatteten Art oder die Erfüllung der sich aus einem solchen Verhältnis ergebenden Verpflichtungen betreffen (§ 113 BGB). Ermächtigt der gesetzliche Vertreter mit Genehmigung des Vormundschaftsgerichts den Minderjährigen zum selbständigen Betrieb eines Erwerbsgeschäfts, so ist der Minderjährige für solche Rechtsgeschäfte unbeschränkt geschäftsfähig, welche der Geschäftsbetrieb mit sich bringt (§ 112 BGB).

d. Ein Minderjähriger kann eine rechtswirksame Willenserklärung abgeben, wenn es sich um eine Willenserklärung handelt, durch die er einen lediglich **rechtlichen Vorteil** erlangt (§ 107 BGB).

38. *Bringen folgende Rechtsgeschäfte einem Minderjährigen "rechtliche Vorteile" im Sinne des § 107 BGB ?*
1. Die Übereignung einer Sache an den Minderjährigen ?
2. Der Abschluss eines Kaufvertrages durch einen Minderjährigen als Käufer oder Verkäufer ?

zu 1. Die Übereignung einer beweglichen oder unbeweglichen Sache an einen Minderjährigen bringt diesem lediglich einen rechtlichen Vorteil, da die Übereignung „abstrakt", also unabhängig von jeglichen Verpflichtungsgeschäften wirksam ist (umstr.).

zu 2. Der Abschluss eines Kaufvertrages bringt dem Minderjährigen nicht lediglich einen rechtlichen Vorteil, da sowohl für den Käufer als auch für den Verkäufer Verpflichtungen begründet werden.

39. Kann ein Minderjähriger einen Kaufvertrag über ein Paar Ski-Schuhe abschließen, wenn die Eltern davon nichts wissen und die Zahlung des Kaufpreises von seinem Taschengeld erfolgt ?

Nach dem Taschengeldparagraph des § 110 BGB erhält der Minderjährige von seinem gesetzlichen Vertreter eine **beschränkte Generaleinwilligung** für alle Geschäfte, die er mit den überlassenen Mitteln tatsächlich erfüllt. Kreditgeschäfte oder Abzahlungsverträge sind nicht erfasst.
Die generelle Zustimmung des gesetzlichen Vertreters betrifft sowohl das Verpflichtungsgeschäft als auch das Verfügungsgeschäft.
Demgemäß kann der Minderjährige den Kaufvertrag über ein Paar Ski-Schuhe abschließen, die Zahlung leisten und die Einigungserklärung für die Übereignung der Ski-Schuhe abgeben.

40. *Was versteht man unter der* ***Deliktsfähigkeit*** *?*

Bei der Deliktsfähigkeit geht es um die Frage, ob jemand für einen von ihm rechtswidrig und schuldhaft verursachten Schaden **nach den §§ 823 ff. BGB** verantwortlich gemacht werden kann.

41. *Wonach ist bei der Deliktsfähigkeit zu differenzieren ?*

Das Gesetz differenziert gem. § 828 BGB nach Altersstufen, die parallel zur Geschäftsfähigkeit verlaufen:

a. Deliktsunfähig ist, wer das 7. Lebensjahr noch nicht vollendet hat;
b. beschränkt deliktsfähig ist, wer zwar das 7., nicht jedoch das 18. Lebensjahr vollendet hat.
c. Taubstumme sind nach § 828 Abs.2 S.2 BGB den beschränkt Deliktsfähigen gleichgestellt.

42. *Welche Rechtsfolgen haben unerlaubte Handlungen eines Deliktsunfähigen bzw. eines beschränkt Deliktsfähigen ?*

Inwieweit Minderjährige oder Geisteskranke für die Folgen einer von ihnen begangenen unerlaubten Handlung einstehen müssen, richtet sich nach den Regelungen der §§ 827 bis 829 BGB über die Deliktsfähigkeit von natürlichen Personen.

a. **Kinder** sind im Alter bis zu sieben Jahren für den von ihnen verursachten Schaden nach §§ 823 ff. BGB **nicht verantwortlich** (§ 828 BGB).

b. Der beschränkt deliktsfähige **Jugendliche,** der zwar das 7., nicht jedoch das 18. Lebensjahr vollendet hat, ist für einen Schaden nur dann verantwortlich, wenn er bei Begehung der schädigenden Handlung die zur Erkenntnis der Verantwortlichkeit erforderliche Einsicht hatte (§ 828 Abs.3 BGB).

c. **Deliktsunfähig** sind Personen, die in einem ihre freie Willensbetätigung ausschließenden Zustand krankhafter **Störung ihrer Geistestätigkeit** handeln (§ 827 S.1 BGB).
Wer sich allerdings selbst durch geistige Getränke oder ähnliche Mittel in diesen Zustand versetzt hat, ist dennoch für eine unerlaubte Handlung schadensersatzpflichtig (§ 827 S.2 BGB).
Unter den besonderen Voraussetzungen können auch Deliktsunfähige und beschränkt Deliktsfähige aus Billigkeitsgründen schadensersatzpflichtig sein (§ 829 BGB).

§ 3. Subjektive Rechte Fragen 38 – 42

43. *Welche Arten von subjektiven Rechten gibt es ?*

a. **Absolute Rechte,** sie können gegenüber jedermann geltend gemacht werden, beispielsweise die Rechte aus dem Eigentum, der körperlichen Unversehrtheit, der Ehre.
b. **Relative Rechte,** sie wirken nur zwischen den Beteiligten, beispielsweise Ansprüche aus einem Kaufvertrag zwischen Käufer und Verkäufer oder Mieter und Vermieter.

44. *Wie unterscheiden sich relative und absolute Rechte ?*

Relative Rechte sind subjektive Rechte, die zwischen konkreten, durch ein Rechtsverhältnis miteinander verbundenen Rechtssubjekten Rechte und Pflichten oder Handlungsbefugnisse begründen.
Zu den relativen Rechten zählen die Ansprüche und die meisten Gestaltungsrechte.
Absolute Rechte sind subjektive Rechte, die von ihrem Inhaber gegenüber jedermann oder einer unbestimmten Vielzahl von anderen Rechtssubjekten geltend gemacht werden können und die von letzteren beachtet werden müssen. Zu den absoluten Rechten zählen die Persönlichkeitsrechte sowie die Herrschaftsrechte an Sachen.

45. *Was versteht man unter **Gestaltungsrechten** ?*

Gestaltungsrechte wirken unmittelbar durch eine einseitige Willenserklärung auf ein bestehendes Rechtsverhältnis ein (Anfechtung, Kündigung, Rücktritt, Aufrechnung).

46. *Nennen Sie ein Beispiel für ein **Herrschaftsrecht**.*

Das wichtigste Herrschaftsrecht ist das **Eigentum an Sachen** (§ 903 BGB).

47. *Gibt es eine gesetzliche Regelung für das* ***Allgemeine Persönlichkeitsrecht*** *?*

Nein.
Das Allgemeine Persönlichkeitsrecht wird im BGB nirgends als eigenständiges subjektives Recht genannt. Es ist lediglich in einzelnen Ausformungen geregelt:
beispielsweise Recht auf Schutz des **Namens**, als Recht am eigenen **Bild** sowie auf Schutz des **Lebens**, der **körperlichen Unversehrtheit** und der **Bewegungsfreiheit**.

48. *Was versteht man unter einem „**Anspruch**" ?*

Der Anspruch ist das „Recht, von einem anderen ein Tun oder Unterlassen zu verlangen" (§ 194 BGB).

Kündigung
Testament

§ 4. Rechtsgeschäft und Willenserklärung Fragen 43 – 64

einseitig vs. zwei-/mehrseitig — Vertrag

49. *Was versteht man unter einem „**Rechtsgeschäft**" ?*

Das BGB setzt vielfach Rechtsgeschäft und Willenserklärung gleich. Eine Definition gibt es nicht.
Die Rechtswissenschaft unterscheidet die Rechtsgeschäfte von den Willenserklärungen und differenziert zwischen einseitigen und zweiseitigen Rechtsgeschäften.
Das Rechtsgeschäft besteht aus mindestens einer Willenserklärung und ist allein oder in Verbindung mit weiteren Tatbestandsmerkmalen (wie z.B. einer Schriftform) auf den Eintritt einer Rechtsfolge gerichtet.
Einseitige Rechtsgeschäfte bestehen aus einer Willenserklärung (z.B. Anfechtung, Kündigung) und eventuell weiteren Tatbestandsmerkmalen (z.B. Schriftform).

Zweiseitige oder mehrseitige Rechtsgeschäfte bestehen aus zwei oder mehreren Willenserklärungen (z.B. Vertrag) und eventuell weiteren Tatbestandsmerkmalen (Übergabe, § 929 BGB) .

50. *Können Sie Beispiele für einseitige Rechtsgeschäfte geben ?*

Einseitige Rechtsgeschäfte sind beispielsweise: die Kündigung, das Testament.

51. *Können Sie Beispiele für zweiseitige Rechtsgeschäfte geben ?*

Zweiseitige Rechtsgeschäfte sind Verträge.

52. *Eine wichtige Einteilung der Rechtsgeschäfte ist die in **Verpflichtungsgeschäfte** und **Verfügungsgeschäfte**. Inwiefern unterscheiden sich diesen beiden Arten der Rechtsgeschäfte ?*

Verpflichtungsgeschäft -> begründet Recht
Verfügungsgeschäft -> überträgt, hebt auf, ändert inhaltlich, belastet bestehendes Recht

Das Verpflichtungsgeschäft wird ein **Recht begründet,** beispielsweise eine Verpflichtung zur Erbringung einer Leistung durch den Abschluss eines Kaufvertrages.
Mit einem Verfügungsgeschäft wird ein bereits **bestehendes Recht übertragen, aufgehoben, inhaltlich geändert** oder **belastet.**

53. *Wie verhalten sich die beiden Begriffe „Rechtsgeschäft", „Willenserklärung" und "Vertrag" zueinander ?*

Ein Rechtsgeschäft umfasst als Oberbegriff die Willenserklärung (einseitiges Rechtsgeschäft) und mehrere sich deckende Willenserklärungen (mehrseitiges Rechtsgeschäft).
Bei einem Rechtsgeschäft können noch weitere Tatbestandselemente hinzukommen, beispielsweise: bei der Übereignung **die Übergabe** oder die **Eintragung in das Grundbuch**.

54. *Eine bewegliche Sache wird herrenlos, wenn der Eigentümer in der Absicht, auf das Eigentum zu verzichten, den Besitz der Sache aufgibt (§ 959 BGB). Ist die **Eigentumsaufgabe** ein Verfügungsgeschäft ?*

Ja. Die Eigentumsaufgabe ist ein einseitiges Rechtsgeschäft, durch das unmittelbar ein Recht aufgehoben wird. Dieses Rechtsgeschäft der Eigentumsaufgabe setzt sich aus der Willenserklärung der Eigentumsaufgabe und dem Realakt der Eigentumsaufgabe zusammen. Es handelt sich um ein Verfügungsgeschäft.

55. *Wer eine herrenlose bewegliche Sache in Eigenbesitz nimmt, erwirbt das Eigentum an der Sache (§ 958 Abs.1 BGB). Ist diese **Aneignung** ein Verfügungsgeschäft ?*

Es handelt sich um eine Fangfrage. Bei der Aneignung handelt es sich nicht um ein Verfügungsgeschäft, da überhaupt kein Rechtsgeschäft vorliegt. Der Besitzerwerb stellt keine Willenserklärung dar. Die Rechtsfolge des Eigentumserwerbs tritt als Folge des Eigenbesitzerwerbs kraft Gesetzes ein. Daher ist auch keine Geschäftsfähigkeit des Erwerbers erforderlich.

56. *Was versteht man unter dem sog. **Abstraktionsprinzip** ?*

Unter dem Abstraktionsprinzip versteht man, dass ein Verfügungsgeschäft (z.B. die Übereignung einer Sache) und das zugehörige Verpflichtungsgeschäft (z.B. ein Kaufvertrag) rechtlich voneinander zu trennen und auch in ihrer rechtlichen Wirksamkeit von einander unabhängig sind.

57. *Was versteht man unter einer „**Willenserklärung"** ?*

Das BGB definiert den Begriff der Willenserklärung nicht, setzt ihn vielmehr als bekannt voraus.

Eine Willenserklärung enthält ein objektives ("Wille") und ein subjektives "Erklärung") Tatbestandselement.
Sie ist eine Äußerung (objektiv), durch die das erklärende Rechtssubjekt zu erkennen gibt, dass eine bestimmte Rechtsfolge gewollt (subjektiv) ist.

58. *Welches sind die Voraussetzungen des objektiven Tatbestandes einer Willenserklärung ?*

Der objektive Tatbestand einer Willenserklärung ist erfüllt, wenn ein objektiver Beobachter an der Stelle des Empfängers (Empfängerhorizont) eine Erklärung als **Kundgabe eines Rechtsfolgewillens** (=Rechtsbindungswillen) auffasst oder auffassen muss.

59. *Was versteht man unter der Kundgabe eines* ***Rechtsbindungswillens*** *(= Rechtsfol gewillen) ?*

Zu einer wirksamen Willenserklärung ist unabdingbar erforderlich, dass **nach außen** ein Rechtsbindungswille **kundgetan** wird. Liegt ein entsprechender Wille zwar vor, ohne jedoch nach außen hin in Erscheinung getreten zu sein, werden keine Rechtswirkungen herbeigeführt.
Für die **Kundgabe des Rechtsbindungswillens** ist erforderlich, dass das Verhalten aus der Sicht eines objektiven Beobachters an Stelle des Empfängers als Kundgabe des Rechtsbindungswillens aufgefasst werden muss. Maßgeblich ist demgemäß nicht, dass der Erklärende diesen Rechtsbindungswillen tatsächlich hatte, ausreichend aber auch erforderlich ist vielmehr, dass der **Erklärungsempfänger** einen derartigen Rechtsbindungswillen annehmen muss.

60. *Muss eine Willenserklärung ausdrücklich in Worten abgegeben werden oder kann sie auch durch andere Handlungen zum Ausdruck gebracht werden ?*

Eine Willenserklärung kann auch durch **schlüssiges (konkludentes) Verhalten** abgegeben werden (Besteigen einer Straßenbahn, Befahren eines bewachten Parkplatzes).

61. *Kann eine Willenserklärung durch bloßes Schweigen abgegeben werden ?*

Nein, grundsätzlich hat das bloße Schweigen keinen Erklärungswert, und zwar auch unter Kaufleuten grundsätzlich nicht.
Zu unterscheiden ist allerdings das bloße Schweigen von dem konkludenten Handeln. Schlüssiges Verhalten hat immer einen Erklärungswert.

Ausnahmsweise hat das bloße Schweigen jedoch rechtliche Wirkungen,
- wenn die Parteien dies vorher vereinbart haben,
- wenn vom Gesetz einem Schweigen Rechtswirkungen zugeordnet werden (§ 362 HGB, § 108 Abs.2 BGB, § 177 Abs.2 BGB),
- Schweigen unter Kaufleuten auf ein sog. kaufmännisches Bestätigungsschrei

ben
und
- ausnahmsweise kann Schweigen als Zustimmung gelten, wenn der Schweigende seinen abweichenden Willen nach **Treu und Glauben** hätte äußern können und müssen.

62. *Was ist unter einem "**kaufmännischen Bestätigungsschreiben**" zu verstehen ?*

Mit einem kaufmännischen Bestätigungsschreiben gibt ein Unternehmer den Inhalt eines angeblich geschlossenen Vertrages wieder.

63. *Wie unterscheidet sich ein kaufmännisches Bestätigungsschreiben von einer sog. **Auftragsbestätigung** ?*

In einem kaufmännischen Bestätigungsschreiben wird ein (angeblich) bereits geschlossener Vertrag inhaltlich bestätigt.
Mit einer Auftragsbestätigung wird ein Vertrag erst zustande gebracht. Die Auftragsbestätigung ist eine Annahmeerklärung.

64. *Welches sind die Rechtsfolgen bei einem Schweigen auf ein **kaufmännisches Bestätigungsschreibens ?***

Bei einem Schweigen auf ein kaufmännisches Bestätigungsschreiben gilt der Vertrag entsprechend seinem Inhalt als zustande gekommen (BGH v. 10.1.2007 – VIII ZR 380/04).

65. *Welches sind die subjektiven Tatbestandsvoraussetzungen einer **Willenserklärung** ?*

Hinsichtlich der subjektiven Vorstellungen des Erklärenden einer Willenserklärung unterscheidet man üblicherweise mehrere Willensschichten: den Handlungswille, das Erklärungsbewusstsein, den Geschäftswillen und die Motive.
Unabdingbare Voraussetzung für eine Willenserklärung ist unbestritten ein Handlungswille.
Desgleichen ist andererseits unstrittig, dass die Motive des Erklärenden für eine Willenserklärung keine tatbestandliche Voraussetzung für die Abgabe einer rechtswirksamen Willenserklärung sind.
Fraglich und stark umstritten ist die rechtliche Behandlung des Erklärungsbewusstseins im Rahmen der Tatbestandsvoraussetzungen einer Willenserklärung.
Nach der Rechtsprechung des Bundesgerichtshofs ist bei einem Fehlen des Erklärungsbewusstseins dem Erklärenden seine Erklärung dennoch als Willenserklärung "zuzurechnen", wenn ein **Zurechnungsgrund** besteht.
Jedenfalls ist der Handlungswille alleine nicht ausreichend, denn es muss beim Fehlen des Erklärungsbewusstseins immer noch geprüft werden, aus welchen Gründen das Erklärungsbewusstsein fehlte und ob dem Erklärenden die Erklä-

rung trotz des Fehlens des Erklärungsbewusstseins als Willenserklärung zugerechnet werden muss.

66. *Was versteht man unter „**Handlungswille**" ?*

Eine Willenserklärung setzt zunächst den Handlungswillen voraus. Ohne Handlungswillen (-bewusstsein) liegt keine Willenserklärung vor.
Der *Handlungswille* erfordert den Willen und das Bewusstsein, überhaupt ein Verhalten oder eine Äußerung nach außen kund zu tun.
Ein Handlungswille liegt zum Beispiel bei Reflexbewegungen nicht vor.

67. *Was versteht man unter „**Erklärungsbewusstsein**" ?*

Das *Erklärungsbewusstsein* liegt vor, wenn sich der Handelnde bewusst ist, mit seiner Handlung eine rechtserhebliche Erklärung abzugeben.
Das Erklärungsbewusstsein fehlt beispielsweise im „**Trierer Weinversteigerungsfall**" (der bei einer Versteigerung Anwesende winkt einem Bekannten zu, was irrtümlicherweise vom Auktionator als Angebot beim Mitsteigern aufgefasst wird).
Dem Erklärenden wird jedoch auch bei fehlendem Erklärungsbewusstsein sein Verhalten als eine Willenserklärung z u g e r e c h n e t, wenn er bei Anwendung der im Verkehr erforderlichen Sorgfalt hätte erkennen und vermeiden können, dass seine Äußerung nach den Umständen der Situation als Willenserklärung aufgefasst werden durfte.
Seine Erklärung oder sein schlüssiges Verhalten ist jedoch in analoger Anwendung des § 119 Abs.1 BGB anfechtbar.

68. *Welches sind die Voraussetzungen eines "Zurechnungsgrundes", wonach einem Erklärenden sein Verhalten als "Willenserklärung" auch ohne ein Erklärungsbewusstsein "zugerechnet" wird ?*

Ein **Zurechnungsgrund** setzt voraus und ist nur dann gegeben ist, wenn der sich in missverständlicher Weise Verhaltende bei Anwendung der im Verkehr erforderlichen Sorgfalt hätte erkennen können und vermeiden können, dass die in seinem Verhalten liegende Äußerung nach Treu und Glauben und der Verkehrssitte als Willenserklärung aufgefasst werden durfte, und wenn der Empfänger sie auch tatsächlich so verstanden hat."

69. *Welche Fragestellung steht hinter der Diskussion um den Einfluss des Erklärungsbewusstseins im Tatbestand einer Willenserklärung ?*

Hinter dieser Diskussion steht die Frage einer vernünftigen Abwägung zwischen der freien Entscheidung eines Menschen im Rahmen der verfassungsmäßig geschützten Privatautonomie einerseits und andererseits dem Schutz des Verkehrs und dessen Vertrauen auf die kundgegebenen Erklärungen der Mitbürger.
Es gab früher eine Diskussion zwischen einer Erklärungstheorie – maßgeblich ist das Erklärte - und einer Willenstheorie – maßgeblich ist der Wille des Erklärenden.

Die Regelung, die der Bundesgerichtshof getroffen hat, stellt einen **Kompromiss** in dem Interessenkonflikt zwischen dem Erklärenden und dem Erklärungsempfänger dar. Die ohne Erklärungsbewusstsein abgegebene Erklärung wird dem Erklärenden zugerechnet, wenn er sie hätte vermeiden können – er kann sie jedoch anfechten (§ 119 analog BGB), bleibt also letztendlich nicht gebunden, hat dem Erklärungsempfänger jedoch dessen Vertrauensschaden zu ersetzen (§ 122 BGB).

70. *Was versteht man unter „**Geschäftswille**“ ?*

Der *Geschäftswille* liegt vor, wenn der Erklärende den Willen und die Absicht hat, ein Rechtsgeschäft eines bestimmten Inhalts vorzunehmen.

71. *Was versteht man unter einer **geschäftsähnlichen Handlungen**, die ohne die Voraussetzungen eines Rechtsgeschäfts zu erfüllen, dennoch kraft Gesetzes eine Rechtsfolge herbeiführen ?*

Die geschäftsähnliche Handlung unterscheidet sich von einem Rechtsgeschäft dadurch, dass die jeweilige Rechtsfolge kraft Gesetzes eintritt, ohne dass ein Rechtsfolgewille erklärt werden muss (*Beispiele* Mahnung § 286 BGB; Fristsetzungen § 281 Abs.1 BGB und § 323 Abs.1 BGB; Mitteilungen § 149 BGB und § 171 BGB; Aufforderungen § 108 Abs.2 und § 177 Abs.2 BGB).
Auf die geschäftsähnlichen Handlungen werden die Vorschriften über Rechtsgeschäfte (§§ 104 – 185 BGB) entsprechend angewandt.

72. *Wie ist die Einwilligung eines Patienten in eine Operation einzuordnen ?*

Die Einwilligung eines Patienten in eine Operation ist nach herrschender Meinung als eine geschäftsähnliche Handlung einzuordnen, soweit er in der Lage ist, die Tragweite dieses Entschlusses zu überschauen (vgl. *Palandt-Ellenberger*, BGB Überblick vor § 104 Randnr.8)

73. *Wann wird eine Willenserklärung wirksam ?*

Für die Frage des Wirksamwerdens von Willenserklärungen muss man zwischen empfangsbedürftigen und nicht empfangsbedürftigen Willenserklärungen unterscheiden.
Die empfangsbedürftige Willenserklärung wird wirksam mit **Zugang** (§ 130 BGB), (beispielsweise die Kündigung).
Die nicht empfangsbedürftige Willenserklärung wird bereits mit ihrer Äußerung wirksam (Beispiel: das Testament).

74. *Was versteht man unter einer "empfangsbedürftigen" Willenserklärung ?*

Empfangsbedürftig sind Willenserklärungen, die "einem anderen gegenüber abzugeben sind" (§ 130 Abs.1 Satz 1 BGB). Sie werden erst wirksam werden, wenn sie dem Empfänger "zugegangen" sind.

75. *Was bedeutet die „**Abgabe**“ einer Willenserklärung ?*

Das BGB spricht lediglich nebenbei in § 130 Abs.1 Satz 1 BGB von einer „abzugebenden“ Willenserklärung.
Ohne die "Abgabe besteht keine wirksame Willenserklärung; die Abgabe der Willenserklärung ist ein notwendiges Element.
Unter der „Abgabe“ einer Willenserklärung versteht man, dass der Erklärende alles getan hat, was für das Wirksamwerden der Erklärung erforderlich ist.

76. *Kann eine Willenserklärung einem Erklärenden „**abhanden kommen**“ ?*

Man spricht von einem „Abhandenkommen“ einer Willenserklärung, wenn eine Erklärung ohne den Willen des Erklärenden in den Verkehr und an den Empfänger gelangt ist, beispielsweise wenn ein Brief ohne den Willen des Schreibers abgesandt wird.
Grundsätzlich stellen „abhanden gekommene“ Erklärungen keine Willenserklärungen dar, da keine willentlichen Entäußerungen vorliegen.

77. *Was versteht man unter „**Zugang**“ ?*

Zur Wirksamkeit einer empfangsbedürftigen Willenserklärung ist erforderlich, dass sie dem Empfänger „zugeht“ (§ 130 BGB).
Eine Willenserklärung ist dem Adressaten zugegangen, sobald sie derart in dessen Machtbereich gelangt ist, dass er unter normalen Verhältnissen und bei üblichem Ablauf der Dinge von ihrem Inhalt Kenntnis erlangen kann (beispielsweise durch Einwurf in den Hausbriefkasten zu einer Zeit, zu der üblicherweise der Postbote kommt).
Ob der Adressat auch tatsächlich von der Willenserklärung Kenntnis genommen hat, ist für deren "Zugang" unerheblich.
Für den Zeitpunkt des Zugangs kommt es darauf an, zu welchem Zeitpunkt die Willenserklärung im Machtbereich des Empfängers nach den Gepflogenheiten des Verkehrs zur Kenntnis genommen wird. Das ist beispielsweise bei Unternehmen die übliche Geschäftszeit.

78. *Wird das einem Minderjährigen gegenüber abgegebene Vertragsangebot erst wirksam, wenn es seinem gesetzlichen Vertreter zugeht ?*

Nein, denn diese Willenserklärung bringt ihm lediglich einen rechtlichen Vorteil. Das Vertragsangebot wird wirksam, wenn es ihm zugeht (§ 131 Abs.2 Satz 2 BGB).

79. *Ist es denkbar, dass eine bereits abgeschickte, aber noch nicht beim Empfänger angekommene Erklärung „wirkungslos“ bleibt ?*

Ja, eine empfangsbedürftige Willenserklärung gegenüber Abwesenden wird nicht wirksam, wenn dem Erklärungsgegner vorher oder mindestens gleichzeitig ein Widerruf zugeht (§ 130 Abs.1 S. 2 BGB).

80. *In welchem Zeitraum ist der Antragende an seinen Antrag gegenüber einem Abwesenden **gebunden** ?*

Eine Willenserklärung gegenüber einem Abwesenden wird mit Zugang wirksam. Bis zu diesem Zeitpunkt kann der Antrag widerrufen werden (§ 130 Abs.1 BGB).
Ab Zugang ist der Antragende bis zu dem Zeitpunkt an seinen Antrag gebunden, bis zu dem er unter regelmäßigen Umständen mit dem Eingang der Antwort rechnen darf (§ 147 Abs.2 BGB). Dazu gehört eine angemessene Überlegungszeit des Empfängers und die Postrücklaufzeit für die Antwort.
Wenn die **Annahme**erklärung dem Antragenden zu spät zugeht muss der Antragende dies dem Annehmenden unverzüglich mitteilen, andernfalls gilt die Annahme als nicht verspätet (§ 149 BGB).

81. *Sind Willenserklärungn nach eigenem Belieben **widerruflich** ?*

Willenserklärungen sind grundsätzlich nicht widerruflich.
Willenserklärungen sind w i d e r r u f l i c h,
- wenn die Willenserklärung unter einem Widerrufsvorbehalt abgegeben wor den ist
  oder
- wenn dem Erklärenden eine Widerrufsmöglichkeit kraft Gesetzes eingeräumt wird.

82. *Nennen Sie Beispiele für eine kraft Gesetzes eingeräumte **Widerrufsmöglichkeit** von Willenserklärungen.*

Ein Widerrufsrecht steht den Verbrauchern bei **Haustürgeschäften** und **Fernabsatzverträgen** zu (§§ 312, 312 d BGB).
Willenserklärungen können vor oder spätestens **gleichzeitig** mit ihrem **Zugang** widerrufen werden (§ 130 Abs.1 BGB).
Ein weiteres gesetzliches Widerrufsrecht hat bei schwebend unwirksamen Verträgen mit **Minderjährigen** „der andere Teil" (§ 109 BGB).

83. *Welche rechtliche Bedeutung hat eine verspätete Annahme, sowie eine Annahme unter Erweiterungen, Einschränkungen, Änderungen oder Ergänzungen u.s.w. ?*

Die verspätete Annahmeerklärung gilt als neuer Antrag (§ 150 Abs.1 BGB).
Die vom Angebot abweichende Annahme gilt als Ablehnung des Angebots, verbunden mit einem neuen Antrag (§ 150 Abs. 2 BGB).

84. *Worin unterscheiden sich Willenserklärungen von **Gefälligkeitserklärungen** ?*

Willenserklärungen
sind Handlungen, durch die Rechtsgeschäfte abgeschlossen werden sollen. Ein entscheidendes Abgrenzungskriterium zwischen einem rechtlich bindenden Gefälligkeits**vertrag** und einem nicht bindenden Gefälligkeits**verhältnis** ist die für eine Willenserklärung erforderliche Kundgabe eines **Rechtsbindungswil-**

lens.
Sie werden vom Erklärenden mit Erklärungsbewusstsein abgegeben.

Gefälligkeitserklärungen sind Zusagen, oder Versprechen, die ohne den Willen zur Übernahme einer rechtlichen Verpflichtung gemacht werden. Es wird **kein Rechtsbindungswille** kund getan und es fehlt das **Erklärungsbewußtsein.**
Sie sind unverbindlich und führen nicht zum Abschluß eines Rechtsgeschäfts.

85. *Ist das Versprechen einer unentgeltlichen Leistung stets als Gefälligkeitsgeschäft anzusehen ist ?*

Nein.
Die Rechtsordnung kennt auch unentgeltliche Rechtsverhältnisse mit rechtlichen Verpflichtungen (beispielsweise Schenkung, Auftrag, unentgeltliche Verwahrung).

§ 5. Willensmängel beim Rechtsgeschäft Fragen 65 – 92

86. *Was ist ein Willensmangel ?*

Ein Willensmangel liegt vor, wenn eine dem äußeren Anschein nach einwandfrei abgegebene Willenserklärung nicht mit dem wahren Geschäftswillen des Erklärenden übereinstimmt. „Wille“ und „Erklärung“ fallen auseinander.

87. *Welche Konsequenzen hat das Auseinanderfallen von „Wille“ und „Erklärung“ ?*

Dieser Willensmängel führt zu unterschiedlichen Rechtsfolgen, die in den §§ 116 ff. BGB geregelt werden.

88. *Berechtigt **jeder Irrtum** zur Anfechtbarkeit wegen Willensmängeln ?*

Nein, keinesfalls.
Zur Anfechtung berechtigen nur bestimmte, gesetzlich genau definierte Tatbestände. Motivirrtum

89. *Was versteht man unter einer „**Scherzerklärung**“ ?*

Ein Scherz ist dadurch gekennzeichnet, dass jemand eine nicht ernstlich gemeinte Willenserklärung in der Erwartung abgibt, der Mangel der Ernstlichkeit werde nicht verkannt. Die Erklärung ist nichtig (§ 118 BGB).
Der Erklärende wird dem Erklärungsgegner schadensersatzpflichtig, wenn der Erklärungsgegner auf die Gültigkeit der Erklärung vertraut hatte (§ 122 BGB).

90. *Was versteht man unter einem **Scheingeschäft** ?*

Ein Scheingeschäft liegt vor, wenn eine Willenserklärung, die einem anderen gegenüber abzugeben ist, mit dessen Einverständnis nur zum Schein abgegeben wird (§ 117 Abs.1 BGB). Es fehlt der Rechtsbindungswille.

91. *Sind nur **zum Schein** abgegebene Willenserklärungen wirksam ?*

Empfangsbedürftige Willenserklärungen sind **nichtig**, wenn sie **mit Einverständnis des Erklärungsgegners** nur zum Schein abgegeben worden sind (§ 117 Abs.1 BGB).
Wird durch das Scheingeschäft ein anderes Rechtsgeschäft verdeckt, so finden die für das verdeckte Rechtsgeschäft geltenden Vorschriften Anwendung (§ 177 Abs.2 BGB).

92. *Wie wird der „**geheime Vorbehalt**" des Erklärenden rechtlich behandelt ?*

Eine Willenserklärung ist nicht schon deshalb nichtig, weil sich der Erklärende insgeheim vorbehält, das Erklärte nicht zu wollen (§ 116 Satz 1 BGB).
Die Erklärung ist allerdings nichtig, wenn sie gegenüber einem anderen abzugeben ist und dieser den Vorbehalt kennt.

93. *Was versteht man unter einem **Erklärungsirrtum** (§ 119 Abs.1 S. 1 (**Alternative 2**) BGB) ?*

Der Wortlaut des Gesetz ist unklar und missverständlich. § 119 Abs.1 S. 1 (2. Alternative) BGB sagt lediglich, dass der Erklärende „eine Erklärung dieses Inhalts nicht abgeben wollte". Beim Erklärungsirrtum irrt sich der Erklärende über den **äußeren Geschehensablauf** der von ihm abgegebenen Willenserklärung.
Der Irrtum liegt in der **Erklärungshandlung**.
Beispielsweise: Der Gast will dem Ober im Lokal mit dem Hochheben **eines** Daumens die Bestellung eines Bieres kundtun und ohne es zu bemerken hebt er **versehentlich zwei** Finger. Der Ober versteht eine Bestellung von zwei Bieren. Jemand verspricht oder verschreibt sich, ohne es zu bemerken.

94. *Was ist das Kennzeichen des „**Inhaltsirrtums**" (§ 119 Abs.1 S. 1 (**1. Alternative**) BGB) ?*

Der Wortlaut des Gesetzestextes ist unklar und mißverständlich.
§ 119 Abs.1 S. 1 (Alternative 1) BGB sagt lediglich, dass der Erklärende „über den Inhalt seiner Erklärung im Irrtume war".
Bei einem Inhaltsirrtum entspricht der äußere Geschehensablauf der Erklärung dem Willen des Erklärenden. Jedoch irrt sich der Erklärende bei einem Inhaltsirrtum über die Bedeutung und die Tragweite seiner Erklärung.
Kennzeichnend für einen Inhaltsirrtum ist, dass der Erklärende weiß, **„was" er sagt**, nicht jedoch, **was er „damit" sagt**.
Ein **Schulbeispiel** ist der Fall mit der Bestellung des "halven Hahns" in der Kölner Altstadt. Da bekommt man als anständiger deutscher Bürger doch weiß Gott von den Kölner Eingeborenen anstatt eines vorgestellten schönen, nackten gegrillten Hühnchens ein billiges Käsebrötchen.
Weitere Beispiele: Verwechslung von Maßen, Gewichten und Artbezeichnungen.

95. *Wie unterscheiden sich **Inhaltsirrtum** und **Erklärungsirrtum** voneinander ?*

Der Wortlaut des Gesetz ist unklar und missverständlich. § 119 Abs.1 S. 1 (Alternative 1) BGB sagt ledig-

lich, dass der Erklärende „über den Inhalt seiner Erklärung im Irrtume war" oder (§ 119 Abs.1 S. 1 (Alternative 2) BGB), dass der Erklärende „eine Erklärung dieses Inhalts überhaupt nicht abgeben wollte".
Aus dem Wortlaut des Gesetzes ist der Unterschied nicht zweifelsfrei zu entnehmen.

Beim **Erklärungsirrtum** irrt sich der Erklärende über den äußeren Geschehensablauf der von ihm abgegebenen Willenserklärung.
Bei einem **Inhaltsirrtum** will der Erklärende demgegenüber die Willenserklärung in ihrer tatsächlichen äußeren Form, er irrt sich jedoch über die Bedeutung seiner Handlung.

96. *Berechtigt auch ein Irrtum über Eigenschaften einer Person oder einer Sache zur Anfechtung ?*

Ja.
Der **Eigenschaftsirrtum** über eine Person oder eine Sache berechtigt zur Anfechtung, soweit es sich um verkehrswesentliche Eigenschaften handelt (§ 119 Abs.2 BGB).

97. *Was versteht man unter den "**verkehrswesentlichen Eigenschaften**" im Falle des § 119 Abs.2 BGB ?*

Eigenschaften einer Person oder einer Sache sind alle natürlichen Merkmale und Beziehungen zur Umwelt, soweit sie nach der Verkehrsanschauung für die Wertschätzung oder Verwendbarkeit von Bedeutung sind.
Für die **Verkehrswesentlichkeit** ist der Sinn und Zweck für das jeweilige konkrete Rechtsgeschäft maßgebend.

98. *Sind für die Einstellung eines **Omnibusfahrers***
1. das Vorhandensein seines Führerscheins und
2. seine Zahlungsfähigkeit
verkehrswesentliche Eigenschaften der Person ?

1. Das Vorhandensein eines Führerscheins ist bei der Einstellung eines Kraft fahrers eine verkehrswesentliche Eigenschaft der Person.
2. Die Zahlungsfähigkeit ist für das konkrete Arbeitsverhältnis als ein Omnibusfahrer keine verkehrswesentliche Eigenschaft.

99. *Ist für den Abschluss eines **Mietvertrages** eine*
1. das Vorhandensein seines Führerscheins bei dem Mieter und
2. die Zahlungsfähigkeit des Mieters
eine verkehrswesentliche Eigenschaften der Person ?

1. Bei dem Abschluss eines Mietvertrages ist das Vorhandensein eines Führerscheins für das konkrete Geschäft eines Mietvertrages unerheblich und damit ist das Fehlen eines Führerscheins bei dem Mieter keine verkehrswesentliche Eigenschaft.
2. Die Zahlungsfähigkeit eines Mieters ist für den Abschluss eines Mietvertra-

ges eine verkehrswesentliche Eigenschaft.

100. *Kann man eine Willenserklärung anfechten, wenn man sich beim Kauf eines Gemäldes über dessen Echtheit geirrt hat ?*

Ja, das ist möglich.
Die Echtheit oder die Unechtheit eines Gemäldes ist eine verkehrswesentliche Eigenschaft. Bei der Echtheit oder Unechtheit eines Gemäldes handelt es sich um ein tatsächliches Merkmal des Gemäldes, das in der Sache selbst begründet ist und ihr nicht nur vorrübergehend anhaftet.
Die Verkehrswesentlichkeit der Echtheit ist nach der Verkehrsanschauung als ein wertbildender Faktor für den Abschluss eines Kaufvertrages wesentlich.

101. *Was ist unter einem **Irrtum im Motiv** zu verstehen ?*

Ein Irrtum im Motiv liegt dann vor, wenn sich der Erklärende in seinen Beweggründen, die ihn zur Abgabe der Willenserklärung bewogen haben, getäuscht hat (beispielsweise: Kauf eines Hochzeitsgeschenks, die Hochzeit findet gar nicht statt; Autokauf in der irrigen Annahme, die bevorstehende Fahrprüfung zu bestehen).

Motiv- & Rechtsfolgen-irrtum KEIN Anfechtungsgrund

102. *Ist auch der **Motivirrtum** beachtlich ?*

Grundsätzlich nicht.
Der Beweggrund des Erklärenden wird in der Regel nicht zum Inhalt seiner Willenserklärung und nicht zum Vertragsbestandteil gemacht.
Das Motiv ist eine rein persönliche Angelegenheit des Erklärenden.
Ein Motivirrtum ist nur dann beachtlich,
- wenn das Motiv einvernehmlich zum Vertragsinhalt gemacht wird,
- wenn er auf falschen Vorstellungen über verkehrswesentliche Eigenschaften der den Gegenstand des Rechtsgeschäfts bildenden Sachen oder Personen be ruht (§ 119 Abs. 2 BGB) oder
- wenn er durch arglistige Täuschung hervorgerufen worden ist (§ 123 Abs. 1 BGB).

103. *Ist eine Willenserklärung anfechtbar, wenn man sich über die Rechtsfolgen geirrt hat ?*

Ein **Rechtsfolgenirrtum** berechtigt nicht zur Anfechtung. Der Erklärende irrt sich nicht über den Inhalt seiner Willenserklärung.

104. *Die Anfechtungsmöglichkeit wegen arglistiger Täuschung oder Drohung gemäß § 123 BGB unterscheidet sich in wichtigen Punkten hinsichtlich der Rechtsfolge von den anderen Irrtumsfällen. Welche sind das ?*

1. Eine **Schadensersatzpflicht** besteht für den wegen arglistiger Täuschung oder Drohung Anfechtenden **nicht** (§ 123 BGB). Dagegen muss derjenige, der e eine Willlenserklärung nach §§ 119,120 BGB anficht, dem anderen grundsätzlich den sog.Vertrauensschaden nach § 122 BGB ersetzen.

2. Bei einer Anfechtung wegen arglistiger Täuschung oder widerrechtlicher Drohung besteht eine **Anfechtungsfrist** von **einem Jahr** (§ 124 Abs. 1 BGB). Die Anfechtung wegen Irrtums oder falscher Übermittlung muss demgegen über unverzüglich nach Aufdeckung des Willensmangels erklärt werden (§ 121 BGB).

105. *Was ist das Kennzeichen der* ***arglistigen Täuschung*** *?*

Kennzeichen für eine arglistige Täuschung ist eine vorsätzliche Täuschungshandlung, die darauf abzielt, in einem anderen eine unrichtige Vorstellung hervorzurufen, zu bestärken oder zu unterhalten.
Sinn und Zweck dieser Regelung ist der Schutz der Freiheit in der Willensentschließung.

106. *Liegt bei Angaben eines Autohändlers über die Unfallfreiheit eines PKWs "ins Blaue hinein" eine arglistige Täuschung vor ?*

Macht ein Autoverkäufer über die Unfallfreiheit eines gebrauchten PKW "ins Blaue hinein" so handelt er arglistig, weil er sich der möglichen Unrichtigkeit seiner Angaben bewusst ist und diese in Kauf nimmt (BGH NJW 2006, 2839).

107. *Kann eine arglistige Täuschung auch durch Nichterwähnung von Tatsachen begangen werden ?*

Eine arglistige Täuschung kann auch dadurch begangen werden, dass der andere Teil Tatsachen verschweigt, die aber für die Willensbildung des Erklärenden erkennbar erheblich sind und nach denen er entweder vom Erklärenden zulässigerweise gefragt worden ist oder die er nach Treu und Glauben auch ungefragt hätte offenbaren müssen.
Eine Aufklärungspflicht besteht beispielsweise beim Kauf eines Gebrauchtwagens hinsichtlich versteckter erheblicher Unfallschäden.

108. *Wann ist eine* ***Drohung*** *rechtswidrig ?*

Die Rechtswidrigkeit kann sich aus der Verwerflichkeit des Mittels, des Zwecks oder der Mittel-Zweck-Relation der Drohung ergeben.

109. *Wie unterscheidet sich eine „anfechtbare" von einer „nichtigen" Willenserklärung ?*

Eine nichtige Willenserklärung ist ohne weiteres Zutun des Erklärenden unwirksam.
Eine anfechtbare Willenserklärung gibt dem Erklärenden lediglich die Möglichkeit, seine Erklärung mit rückwirkender Kraft zu vernichten (§ 142 BGB).

110. *Was ist darunter zu verstehen, wenn ein anfechtbares Rechtsgeschäft als* ***„schwebend unwirksam"*** *bezeichnet wird ?*

Ein anfechtbares Rechtsgeschäft ist so lange wirksam, bis es durch rechtswirksam innerhalb der Anfechtungsfrist angefochten wird. Ab diesem Moment ist es rückwirkend als von Anfang an nichtig anzusehen (§ 142 BGB). Der Anfechtungsberechtigte hat es daher innerhalb der Anfechtungsfrist alleine in der Hand, das anfechtbare Rechtsgeschäft zu einem nichtigen Rechtsgeschäft zu machen.
Das nichtige Rechtsgeschäft ist dagegen von Anfang an unwirksam, ohne dass jemand die Entscheidung in der Hand hätte, die Nichtigkeit erst herbeizuführen.

111. *Kann sich der Empfänger einer mit Willensmängeln behafteten Willenserklärung darauf berufen, dass das Rechtsgeschäft anfechtbar ist ?*

Nein.
Alleine der betreffende Erklärende entscheidet nach seinem willkürlichen Belieben, ob er das Rechtsgeschäft anficht oder nicht.

112. *Wie hat die Anfechtung zu erfolgen ?* Anfechtungserklärung

Die Anfechtung erfolgt durch eine Erklärung gegenüber dem Anfechtungsgegner (§ 143 Abs.1 BGB).

Drohung / Täuschung: Jahresfrist
Irrtum → Frist: ohne schuldhaftes Zögern

113. *Binnen welcher **Frist** muss die Erklärung angefochten werden ?*

Die Irrtumsanfechtung muss „**unverzüglich**" nach Kenntnis des Anfechtungsgrundes erfolgen (§ 121 BGB). „Unverzüglich" bedeutet: „**ohne schuldhaftes Zögern**".
Bei der Anfechtung wegen arglistiger Täuschung oder rechtswidriger Drohung setzt § 124 BGB eine Jahresfrist ab Kenntnis der Täuschung bzw. Wegfall der Zwangslage.

114. *Welcher Unterschied besteht zwischen den Begriffen „**unverzüglich**" und „**sofort**" im rechtlichen Sinn ?*

Der Begriff „unverzüglich" bedeutet „ohne schuldhaftes Zögern", setzt also ein Verschulden voraus (§ 121 BGB).
Der Begriff „sofort" ist unabhängig von einem Verschulden.

115. *Setzt eine Irrtumsanfechtung ein weiteres Tatbestandsmerkmal voraus ?*

Ja.
Anfechtbar ist eine Erklärung nur dann, wenn anzunehmen ist, dass der Erklärende sie „**bei Kenntnis der Sachlage** und bei **verständiger Würdigung des Falles** nicht abgegeben haben würde" (§ 119 Abs.1 BGB).

116. *Welche Rechte hat der Erklärungsgegner bei einer Irrtumsanfechtung ?*

Der Erklärungsgegner kann den **Vertrauensschaden** geltend machen, den er dadurch erlitten hat, dass er auf die Gültigkeit der Erklärung vertraute (§ 122 BGB).

117. *Was bedeutet Ersatz des Vertrauensschadens* ***(negatives Interesses)*** *?*

Der Geschädigte ist so zu stellen, wie er stehen würde, wenn er nicht auf die Gültigkeit der angefochtenen Erklärung vertraut hätte (§ 122 Abs. 1 BGB).

118. *Kommt es für die Beachtlichkeit eines Irrtums darauf an, dass der Erklärende den Willensmangel durch* ***eigenes schuldhaftes*** *Handeln selbst herbeigeführt hat ?*

Nein.
Eine nach §§ 119, 120 BGB fehlerhafte Willenserklärung kann auch dann angefochten werden, wenn der Willensmangel vom Erklärenden bei gehöriger Sorgfalt hätte vermieden werden können, also wenn sein Irrtum von ihm selbst verschuldet worden ist.

§ 6. Der Vertrag Fragen 93 – 116

119. *Wie kommt ein* ***Vertrag*** *zustande ?*

Ein Vertrag kommt durch zwei übereinstimmende Willenserklärungen zustande: **Angebot** (= Antrag) und **Annahme** (§§ 145 ff. BGB).

120. *Worin unterscheidet sich ein „Antrag" von der* ***Aufforderung*** *zur* ***Abgabe*** *eines* ***Vertragsangebotes*** *?*

Der Antrag ist für den Antragenden bindend (§ 145 BGB). Der Vertrag kommt mit der Annahme des Antrags zustande (§§ 147, 151 BGB).
Eine Aufforderung zur Abgabe von Angeboten **(invitatio ad offerendum)** richtet sich an eine unbestimmte Vielzahl möglicher Kunden. Eine Bindung an diese Aufforderung besteht nicht (beispielsweise Warenauslagen in einem Schaufenster, in der Zusendung von Preislisten oder Warenkatalogen, im Auslegen von Speisekarten im Restaurant).
Das eigentliche Vertragsangebot geht vom Kunden aus. Dem Verfasser der Aufforderung steht es frei, das Angebot des Kunden anzunehmen oder abzulehnen.

121. *Wie unterscheidet sich eine "Aufforderung zur Abgabe eines Angebots"* ***(invitatio ad offerendum)*** *von einem "Angebot an einen unbestimmten Personenkreis"* ***(ad incertas personas)*** *?*

Bei einer Aufforderung zur Abgabe eines Angebots (invitatio ad offerendum) fehlt der Rechtsbindungswille. Es liegt kein Angebot vor. Beispiele: Schaufensterauslagen, Kataloge, Speisekarten.

Bei einem Angebot an einen unbestimmten Personenkreis (incertas personas) liegt ein Rechtsbindungswille vor. Es handelt sich um ein rechtsverbindliches Angebot. Beispiele: Preisausschreiben, Angebote an Automaten.

122. *Können die Vertragsparteien bei der Aufnahme von Vertragsverhandlungen schon vor einem Vertragsabschluss rechtliche Pflichten treffen ?*

Ja, durch das Rechtsinstitut des Verschuldens bei Vertragsschluss (**culpa in contrahendo**). Mit der Aufnahme von Vertragsverhandlungen entsteht ein gesetzliches Schuldverhältnis (§ 311 Abs.2 BGB), das die Verpflichtung zur Rücksichtnahme auf die Güter und Interessen des Partners zum Inhalt hat (§ 241 Abs.2 BGB).
Eine schuldhafte Verletzung dieser Pflichten verpflichtet zum Schadensersatz (§§ 280, 282 BGB).

123. *Ist der von einem Vertragspartner gemachte **Antrag bindend** ?*

Ja, ein Antrag im rechtlichen Sinn ist bindend, es sei denn, der Erklärende hat die Bindung ausgeschlossen.

124. *Wie kann die Bindung an ein Angebot ausgeschlossen werden ?*

Eine Bindung kann durch Vorbehalte ausgeschlossen werden, beispielsweise durch die Klauseln „freibleibend“, „Zwischenverkauf vorbehalten“.

125. Was bedeutet es, wenn ein Angebot mit dem Zusatz "**freibleibend**" versehen ist ?

Ein Angebot mit dem Zusatz "freibleibend" ist in der Regel eine Aufforderung ein Angebot abzugeben (invitatio ad offerendum).
Soweit der Empfänger auf diese Aufforderung seinerseits ein Angebot abgibt muss dieses Angebot unverzüglich beantwortet werden. Ein Schweigen gilt als stillschweigende Annahme gem. § 151 Satz 1 BGB.

126. *Innerhalb welcher **Frist** muss ein Vertragsangebot angenommen werden ?*

Der einem **Anwesenden** gemachte Antrag kann nur sofort angenommen werden (§ 147 Abs.1 BGB). Dasselbe gilt für telefonische Angebote.
Ein Angebot, das einem **Abwesenden** gegenüber gemacht wird, kann nur bis zu dem Zeitpunkt angenommen werden, in welchem der Anbietende den Eingang der Antwort unter regelmäßigen Umständen erwarten darf (§ 147 Abs.2 BGB).
Allerdings kann der Anbietende auch eine Frist für die Annahme setzen (§ 148 BGB).

127. *Wann erlischt ein Angebot ?*

Ein Angebot erlischt wenn es abgelehnt oder nicht fristgemäß angenommen wird (§ 146 BGB).

128. *Welches ist die gesetzliche Rechtsfolge, wenn ein Antrag nicht fristgemäß angenommen wird ?*

Ein Antrag erlischt, wenn er nicht rechtzeitig angenommen wird (§§ 146, 148 BGB).
Die verspätete Annahme gilt als neuer Antrag (§ 150 Abs.1 BGB).

129. *Was gilt, wenn der Annehmende nicht nur „ja" sagt, aber das Angebot* ***abän dert*** *?*

Eine Annahme unter Erweiterungen, Einschränkungen, oder sonstigen Änderungen gilt als Ablehnung verbunden mit einem neuen Antrag (§ 150 Abs.2 BGB). Ein Angebot kann nur ohne Bedingungen angenommen werden.

130. *Was gilt, wenn* ***der Adressat*** *auf einen Antrag* ***schweigt*** *?*

Der Antrag erlischt (§§ 146 ff. BGB).
Schweigen gilt im Rechtsverkehr weder als Zustimmung noch als Ablehnung; vielmehr hat das Schweigen in der Regel überhaupt keinen Erklärungswert:
Wer schweigt, sagt nichts.
Rechtliche Bedeutung erlangt Schweigen ausnahmsweise, wo das Gesetz an das Schweigen Rechtsfolgen knüpft (beispielsweise: § 108 Abs.2 Satz 2 BGB; § 362 HGB).

131. *Ist es stets erforderlich, dass zum Abschluss eines Vertrages die Annahmeerklärung dem Anbietenden zugeht, oder gibt es davon Ausnahmen ?*

Die Annahme ist eine empfangsbedürftige Willenserklärung, die grundsätzlich erst mit dem Zugang wirksam wird (§ 130 Abs.1 Satz 1 BGB).
Eine Ausnahmeregelung trifft § 151 BGB). Eine Annahmeerklärung muss dem Antragenden nicht zugehen, wenn eine solche Erklärung nach der Verkehrssitte nicht zu erwarten ist oder der Antragende auf sie verzichtet hat.

132. *Wie kommt ein Vertrag im* ***Supermarkt*** *zustande?*

Die rechtliche Würdigung des tatsächlichen Geschehens im Supermarkt ist **umstritten**.
Die herrschende Meinung geht davon aus, dass die Auslagen im Supermarkt als Aufforderungen an die Kundschaft zur Abgabe von Angeboten anzusehen sind. Das **Angebot** liegt seitens des Kunden in der **Vorlage der Ware** an der Kasse und die **Annahme** in der Feststellung des **Rechnungsbetrages**.

133. *A wirft eine Münze in einen* ***Waren-Automaten*** *und zieht sich eine Tafel Schokolade. Ist ein Kaufvertrag zustande gekommen ?*

Die rechtliche Würdigung des tatsächlichen Geschehens am Waren-Automaten ist **umstritten**.
Die herrschende Meinung sieht in dem Aufstellen des mit einer bestimmten Warenmenge bestückten Automaten bereits ein Angebot an jedermann (ad incertas personas). Dieses Angebot wird durch das Einwerfen der Münze angenommen.

Nach anderer Ansicht ist erst das Einwerfen einer Münze ist ein Angebot. Die Annahme erfolgt durch die Entnahme, mit der sich der Verkäufer einverstanden erklärt hat.

134. *Wie ist die Geldentnahme an den* ***Geld-Automaten*** *der Kreditinstitute rechtlich zu würdigen ?*

Die rechtliche Würdigung des tatsächlichen Geschehens am Geld-Automaten ist umstritten.
Nach herrschender Ansicht richtet sich das Angebot am Geldautomaten nur an den Berechtigten. Der Karteninhaber erteilt seinem Kreditinstitut eine Weisung (§ 665 BGB). Die Übereignung des Geldes geschieht nach § 929 BGB.

135. *Wie kommt ein Vertrag an der* ***Tankstelle*** *zustande ?*

Die rechtliche Würdigung des tatsächlichen Geschehens an der Tankstelle ist umstritten.
Nach herrschender Ansicht ist die betriebsbereite Zapfsäule als Angebot und das Tanken als Annahme im rechtlichen Sinne zu würdigen (BGH NJW 2011, 2871).
Die vom Tankstelleninhaber abgegebene dingliche Einigungserklärung wird dahingehend interpretiert, dass die Übereignung des Benzins erst mit der vollständigen Bezahlung erfolgen soll.

136. *Kommt in einer* ***Versteigerung*** *der Vertrag mit dem höchsten Angebot zustande ?*

Zuschlag = Annahme

Nein.
Bei einer Versteigerung kommt der Vertrag erst durch den Zuschlag zustande (§ 156 S.1 BGB).

137. *Welche Rolle spielt die Regelung in § 151 BGB* ***(Hotelzimmerparagraph)*** *?*

Ein Vertrag kommt auch ohne Zugang der Annahmeerklärung bei dem Anbietenden zustande, wenn der Anbietende auf eine Mitteilung der Annahme ausdrücklich verzichtet hat oder wenn eine solche Mitteilung nicht üblich ist (§ 151 BGB, wie beispielsweise in der Hotelzimmerbranche oder im Versandhandel).
Auch in diesem Fall muss allerdings die rechtzeitige Annahme des Angebots durch eine **Willensbetätigung** erfolgt sein (beispielsweise durch einen Eintrag in der Reservierungsliste).

138. *Was versteht man unter der* ***Vertragsfreiheit*** *?*

Die Vertragsfreiheit ist die wichtigste Ausprägung der Privatautonomie und beinhaltet
drei Komponenten:

- **Abschlussfreiheit,**
- **Inhaltsfreiheit,**
- **Formfreiheit.**

139. *Was versteht man unter* ***Abschlussfreiheit*** *?*

Abschlussfreiheit bedeutet frei zu entscheiden, **ob überhaupt** und - wenn ja - **mit wem** es zum Abschluss eines Vertrages kommen soll.

140. *Was versteht man unter* ***Abschlusszwang*** *(Kontrahierungszwang) ?*

Der **Kontrahierungszwang** ist eine Ausnahmeregelung zum Grundsatz der allgemeinen Vertragsfreiheit.
Es besteht ausnahmsweise eine Pflicht zum Vertragsabschluss.
Es gibt zahlreiche gesetzliche Regelungen, die einen Abschlusszwang festlegen.
Beispielsweise für Monopolunternehmen (Gas; Wasser,; Elektrizität) und auch bei einem Verstoß gegen das Allgemeines Gleichbehandlungsgesetz kann der Benachteiligte nach § 21 Abs.1 Satz 1 AGG die Beseitigung verlangen und das schließt den Abschluss eines Vertrages ein, wenn es ohne den Verstoß zum Vertragsabschluss gekommen wäre.

141. *Muss ein Taxifahrer eine unheimlich aussehende Person mit Bart aus einer ab gelegenen Gegend in die Stadt fahren ?*

Ja. Das muss er.
Für Beförderungsunternehmen besteht ein Abschlusszwang (Beförderungspflicht).

142. *Was versteht man unter* ***Inhaltsfreiheit*** *?*

Inhaltsfreiheit bedeutet frei zu bestimmen, welche Bedingungen durch den Vertragsabschluss gelten sollen.

143. *Nennen Sie* ***Grenzen*** *für die Inhaltsfreiheit.*

Rechtliche Grenzen sind das Verbot des Verstoßes
- gegen **gesetzlich zwingende Regelungen** (§ 134 BGB) oder
- gegen die **guten Sitten** (§ 138 BGB) oder
- gegen die Regelungen für **Allgemeine Geschäftsbedingungen** (§§ 305 ff. BGB).

Weiterhin herrscht in einigen Rechtsgebieten ein sog. **Typenzwang.**
(Beispielsweise im Gesellschaftsrecht – man kann nicht eine neue Gesellschaft „erfinden“).

144. *Nennen Sie Beispiele für* ***sittenwidriges*** *Handeln.*

Sittenwidrig sind Rechtsgeschäfte, durch die jemand unter Ausbeutung der Zwangslage, der Unerfahrenheit oder des Mangels an Urteilsvermögen eines anderen sich für eine Leistung Vermögensvorteile versprechen lässt, die in einem auffälligen Missverhältnis zu der Leistung stehen (§ 138 Abs.2 BGB).

145. *Im Sachenrecht, im Familienrecht, im Erbrecht, im Gesellschaftsrecht gilt der* ***numerus clausus****. Was bedeutet das ?*

Es herrscht der sog. **Typenzwang**. Die Parteien können ihre Interessen nur in den gesetzlich vorgezeichneten Typen verwirklichen (beispielsweise: Hypothek, Grundschuld, Ehe, Verlöbnis, Testament, OHG, KG, AG, GmbH).

146. *Welche Regelungen gelten bei einer* ***Teilnichtigkeit*** *eines Rechtsgeschäfts ?*

Die Teilnichtigkeit eines Rechtsgeschäfts führt zur Nichtigkeit des ganzen Geschäfts, wenn nicht im jeweiligen Einzelfall anzunehmen ist, dass das Rechtsgeschäft auch ohne den nichtigen Teil vorgenommen worden wäre (§ 139 BGB).

147. *Was ist ein* ***versteckter Dissens*** *?*

Der versteckte Einigungsmangel ist ein Unterfall des beiderseitigen Irrtums beim Vertragsschluss.
Beide Vertragsparteien gehen irrtümlich davon aus, dass sie sich über alle wesentlichen Punkte geeinigt haben. Dann greift die Auslegungsregel des § 155 BGB ein.

148. *Was versteht man unter einem* ***offenen Dissens*** *?*

Bei einem offenen Dissens sind sich die Parteien bewusst, dass sie sie sich noch nicht über alle Punkte geeinigt haben, die nach der Meinung mindestens einer Partei regelungsbedürftig sind. Es greift die Auslegungsregel des § 154 Abs.1 BGB ein.

149. *Was gilt, wenn sich die Vertragsparteien nicht über alle Punkte geeinigt haben ?*

Ein Vertrag ist erst dann bindend zustande gekommen, wenn sich die Vertragspartner über sämtliche Vertragspunkte geeinigt haben, die auch nur eine der Verhandlungsparteien als regelungsbedürftig in das Verhandlungsprogramm aufgenommen hat (§ 154 BGB).

a. Wissen die Parteien, dass sie sich nicht über alle Punkte eines Vertrages geeinigt haben, über die nach der Erklärung wenigstens einer Partei eine Vereinbarung getroffen werden sollte, so liegt ein „offener Einigungsmangel“ **(offener Dissens)** vor. In diesem Fall ist im Zweifel anzunehmen, dass der Vertrag noch nicht geschlossen ist (§ 154 BGB).

b. Haben sich die Parteien bei einem Vertrag, den sie selbst als geschlossen ansehen, in Wirklichkeit über einen Punkt jedoch noch nicht geeinigt, über den eine Vereinbarung getroffen werden sollte, so spricht man vom „versteckten Einigungsmangel“ **(versteckter Dissens).**

In diesem Fall gilt das Vereinbarte, wenn anzunehmen ist, dass der Vertrag auch ohne eine Bestimmung über diesen Punkt geschlossen sein würde (§ 155 BGB).
Fehlt dieser Wille, ist der Vertrag unwirksam. Die Vertragspunkte, auf die sich der Einigungsmangel selbst bezieht, sind auf jeden Fall nichtig.
Im übrigen können sich Art und Weise der Leistungserbringung, etwaige Neben- oder Schutzpflichten oder die Rechtsfolgen einer Leistungsstörung aus dem Gesetz oder einer ergänzenden Vertragsauslegung nach Treu und Glauben ergeben (§§ 157, 242 BGB).

§ 7. Formvorschriften Fragen 117 – 132

150. *Was versteht man unter **Formfreiheit** ?*

Formfreiheit meint die prinzipielle Möglichkeit, sich ohne Formzwang rechtlich verbindlich zu einigen.

151. *Stimmt es, dass nicht gilt, was nicht schriftlich vereinbart ist ?*

Nein (dann wären auch sämtliche Vertragsabschlüsse in Supermärkten, Tankstellen oder Kaufhäusern etc. nichtig).
Es gilt im BGB das Prinzip der Formfreiheit. Formvorschriften gibt es nur in Ausnahmefällen.
Allerdings gilt vor Gericht, was nicht bewiesen werden kann, kann auch nicht durchgesetzt werden.

152. *Welche Formtypen unterscheidet das BGB ?*

Das BGB kennt Formvorschriften:
- **Schriftform** (§ 126 BGB),
- **Elektronische Form** (§§ 126 Abs.3, 126 a BGB),
- **Textform** (§ 126 b BGB),
- **Öffentliche Beglaubigung** (§ 129 BGB),
- **Beurkundung** (§ 128 BGB).

153. *Können Sie Beispiele für die gesetzliche **Schriftform** nennen ?*

Die Bürgschaftserklärung (§ 766 BGB), ein Schuldanerkenntnis (§§ 780, 781 BGB) und Verbraucherdarlehensverträge (§§ 492 ff. BGB) bedürfen der gesetzlichen Schriftform.

154. *Welche Voraussetzungen sind für eine Schriftform erforderlich ?*

Ist durch das Gesetz oder kraft einer Vereinbarung eine Schriftform vorgesehen, bedeutet dies, dass "die Urkunde von dem Aussteller eigenhändig durch Namensunterschrift … unterzeichnet werden muss" (§§ 126 Abs.1, 127 Abs.1 BGB).

155. *Welche Bedeutung hat die* ***elektronische Form*** *?*

Die Schriftform kann unter den Voraussetzungen des §§ 126 Abs.3, 126 a BGB durch die elektronische Form ersetzt werden, wenn dies nicht jeweils besonders durch Gesetz ausgeschlossen ist (z. B. ist die elektronische Form für die Kündigung eines Arbeitsverhältnisses ausgeschlossen, § 623 BGB).

156. *Können Sie Beispiele für die* ***öffentliche Beglaubigung*** *nennen ?*

Öffentlicher Beglaubigung bedürfen insbesondere Registeranmeldungen (z.B. § 12 HGB).

157. *Können Sie Beispiele für die* ***notarielle Beurkundung*** *nennen ?*

Die notarielle Beurkundung ist erforderlich beispielsweise bei Grundstückskaufverträgen (§ 313 BGB), Schenkungsversprechen (§ 518 BGB) und Erbverträgen (§ 2276 BGB).

158. *Nennen Sie Beispiele für die* ***Textform.***

Die Belehrung über das Widerrufsrecht und dessen Ausübung in Verbraucherverträgen hat in Textform zu erfolgen (§ 355 BGB).

159. *Welches sind die Gründe für besondere Formerfordernisse ?*

Es sind insbesondere folgende Gründe:

1. Formerfordernisse haben einmal eine **Warnfunktion.** Sie sollen den Han delnden auf die Tragweite des Rechtsgeschäfts aufmerksam machen und Schutz vor Übereilung gewähren.
2. Sie haben eine Klarstellungs- und **Beweisfunktion.** Der genaue Wortlaut der getroffenen Absprachen wird beweisbar festgehalten und erleichtert die Beweisführung bei Rechtsstreitigkeiten.
3. Sie gewährleisten eine sachkundige Beratung, insbesondere durch Notare (**Aufklärungsfunktion**).

160. *Was erfordert die* ***Schriftform*** *?*

Schriftform setzt eine Unterschrift voraus (§ 126 BGB, „**Unterschriftsform**“).

161. *Was ist für eine* ***öffentliche Beglaubigung*** *erforderlich ?*

Bei der öffentlichen Beglaubigung muss die Erklärung schriftlich abgefasst und die Unterschrift von einem Notar beglaubigt werden.

162. *Wie genügt man der* ***notariellen Beurkundung*** *?*

Bei der notariellen Beurkundung muss die gesamte Erklärung zu Protokoll in eine Urkunde des Notars aufgenommen werden. Die gesetzlichen Regelungen finden sich im Beurkundungsgesetz.

163. *Was ist für eine **Textform** notwendig ?*

Bei der Textform muss die Erklärung in einer Urkunde oder auf andere **zur dauerhaften Wiedergabe in Schriftzeichen geeigneten Weise abgegeben**, die Person des Erklärenden genannt und der Abschluss der Erklärung deutlich gemacht werden.
Dazu ist beispielsweise die Übersendung einer E-Mail ausreichend. Die Veröffentlichung auf einer Internetseite reicht nicht, sie kann jederzeit geändert werden und wirkt nicht dauerhaft.

164. *Was versteht man unter der „**gewillkürten Schriftform**" ?*

Darunter versteht man das von den Parteien vereinbarte Erfordernis der Schriftform (§ 127 BGB).

165. *Kann die Vereinbarung einer Schriftform später durch mündliche Vereinbarun gen wieder aufgehoben werden ?*

Ja, das ist nach der Rechtsprechung des Bundesgerichtshofs möglich.
Es gilt der Grundsatz der Vertragsfreiheit, der entgegen der Auslegungsregelung in § 125 Satz 2 BGB auch die Formfreiheit beinhaltet. Als *actus contrarius* zu einer formfreien Begründung der Schriftformpflicht ist die Aufhebung dieser Schriftformpflicht gleichfalls formfrei (vgl. BGH v. 21.9.2005 – XII ZR 312/02).

166. *Welche Konsequenzen hat der **Formmangel** ?*

a. Der Formmangel führt zur **Nichtigkeit** des Rechtsgeschäfts (§ 125 BGB).
b. Teilweise kann der Formmangel durch die **Erfüllung geheilt** werden kann.
c. In Sonderfällen kann die Berufung auf einen Formmangel gegen **Treu und Glauben** verstoßen.
d. Weiterhin besteht die Möglichkeit, ein formnichtiges Rechtsgeschäft in ein anderes, im wesentlichen den gleichen wirtschaftlichen Erfolg sicherndes Rechtsgeschäft **umzudeuten**, das weniger strengen Formvorschriften unterliegt und daher auch in der tatsächlich benutzten Form gültig wäre (§ 140 BGB).

167. *Nennen Sie Beispiele, in denen Formfehler durch **Erfüllung geheilt** werden ?*

Die tatsächliche Erfüllung eines an sich nichtigen Vertrags führt in einer Reihe von jeweils im Gesetz besonders geregelten Fällen dazu, dass der Mangel der Form geheilt wird, beispielsweise das wegen Formmangels nichtige Schenkungsversprechen durch den Vollzug der Schenkung nach § 518 BGB, der wegen Formmangels nichtige Vertrag mit der Verpflichtung zur Übereignung eines Grundstücks durch Auflassung und Eintragung in des Grundbuch gem. § 311 b Abs.1 Satz 2 BGB, die formnichtige Bürgschaft durch Erfüllung der Hauptverbindlichkeit durch den Bürgen gem. § 766 Satz 3 BGB.

§ 8. Die Auslegung von Rechtsgeschäften §§ 133, 157, 242 BGB

168. *Die Auslegung von Rechtsgeschäften wird in den §§ 133 und 157 BGB geregelt. In welchem Verhältnis stehen die beiden Vorschriften zueinander ?*

Dem Wortlaut nach betrifft § 133 BGB nur die Auslegung von Willenserklärungen, während sich § 157 BGB auf Verträge bezieht.
Nach § 133 BGB soll der "wirkliche Wille" des Erklärenden erforscht werden, während bei § 157 BGB die objektive Erklärungsbedeutung im Vordergrund steht.
Nach der heute allgemein herrschenden Ansicht können die beiden Vorschriften nicht sinnvoll voneinander getrennt werden und sind bei jeder Auslegung gemeinsam heranzuziehen.

169. *Welcher Unterschied besteht zwischen der Auslegung einer Willenserklärung und der Auslegung eines Vertrages ?*

Ein Vertrag setzt zwei übereinstimmende Willenserklärungen voraus. Dazu ist die Prüfung beider Willenserklärungen getrennt vorzunehmen. Nur wenn die Auslegung der beiden Willenserklärungen ergibt, dass sie sich decken, liegt überhaupt ein wirksamer Vertragsabschluss vor.
Nur falls sich trotz eines wirksamen Vertragsabschlusses infolge der Übereinstimmung der beiden Willenserklärungen dennoch Unklarheiten hinsichtlich der Rechtsfolgen in dem abgeschlossenen Vertrag ergeben, kann eine Vertragsauslegung erfolgen.
Maßgeblich ist bei der Vertragsauslegung im Gegensatz zu der Auslegung einer Willenserklärung nicht der sog. Empfängerhorizont sondern das, was die Vertragsparteien vernünftigerweise unter Berücksichtigung aller Umstände in dem angeschlossenen Vertrag gewollt haben.

170. *Wie ist ein **Vertragsangebot** auszulegen, nach dem was der Anbieter gewollt hat oder wie der Empfänger die Willenserklärung tatsächlich verstanden hat oder welchen Erklärungswert das Angebot tatsächlich hatte ?*

Das Vertragsangebot ist eine empfangsbedürftige Willenserklärung. Empfangsbedürftige Willenserklärungen sind so auszulegen, wie sie ein objektiver Beobachter an der Stelle des Empfängers nach Treu und Glauben und mit Rücksicht auf die Verkehrssitte verstehen durfte und musste (**Empfängerhorizont** §§ 133, 157 BGB).

171. *Was bedeutet der Grundsatz **"falsa demonstration non nocet"** ?*

Das von den Parteien wirklich Gewollte hat Vorrang vor einer absichtlichen oder irrtümlichen Falschbezeichnung.

172. *Was ist unter einer "**Vertragslücke**" zu verstehen ?*

Eine Vertragslücke liegt bei einer **planwidrigen Unvollständigkeit** des Vertrages vor.

173. *Wie sind Vertragslücken zu ergänzen ?*

Lücken in Verträgen werden vorab durch dispositive gesetzliche Regelungen ergänzt. Soweit eine dispositive gesetzliche Regelung nicht eingreift wird der **hypothetische Parteiwille** zur Vertragsergänzung herangezogen.

174. *In welchem Verhältnis stehen die dispositiven gesetzlichen Vorschriften und die ergänzende Vertragsauslegung bei der Schließung von Vertragslücken ?*

Vorrangig sind stets die dispositiven gesetzlichen Regelungen. Soweit gesetzliche Regelungen vorhanden sind und eine angemessene Regelung im Einzelfall ermöglichen, ist eine ergänzende Vertragsauslegung überflüssig.

175. *Nach welchen Grundsätzen hat eine **ergänzende Vertragsauslegung** zu erfolgen ?*

Eine ergänzende Vertragsauslegung ist nach dem hypothetischen Parteiwillen vorzunehmen. Richtschnur sind das Gebot von Treu und Glauben sowie die Verkehrssitte.

176. *Auf welche Weise ist der hypothetische Parteiwille zu ermitteln ?*

Die Ermittlung des hypothetischen Parteiwillens ist nicht in das freie Belieben des Gerichts gestellt. Vielmehr hat das Gericht unter Berücksichtigung aller in Betracht kommenden Umstände zu prüfen, wie die Vertragsparteien den offenen und regelungsbedürftigen Vertragspunkt geregelt haben würden, wenn sie ihn bedacht hätten.

177. *Kann die ergänzende Vertragsauslegung im Widerspruch zum Parteiwillen stehen ?*

Nein, die ergänzende Vertragsauslegung muss dem Parteiwillen gerecht werden.

§ 9. Das Recht der Stellvertretung Fragen 133 – 155

178. *Was verstehen Sie unter der **Stellvertretung** ?*

Der Begriff der Stellvertretung im Rechtssinne deckt sich nicht mit dem täglichen Sprachgebrauch.

Stellvertretung im rechtlichen Sinn bezieht sich ausschließlich auf die Abgabe von Willenserklärungen für andere. Durch die Stellvertretung wird eine Willenserklärung, die jemand innerhalb der ihm zustehenden Vertretungsmacht im Namen des Vertretenen abgibt, unmittelbar für und gegen den Vertretenen wirksam (§ 164 Abs.1 BGB).

179. *Welches sind die* drei Voraussetzungen *einer rechtswirksamen Stellvertretung ?*

1. Der Stellvertreter gibt eine "eigene Willenserklärung" ab (und ist nicht nur Bote),
2. er gibt die Willenserklärung "im fremden Namen" ab,
3. er handelt im Rahmen der ihm "zustehenden Vertretungsmacht" (§ 164 Abs.1 BGB).

180. *Wie unterscheiden sich Stellvertretung und* ***Auftrag*** *?*

Stellvertretung und Auftrag haben im Rechtssinn nichts miteinander zu tun.
Mit dem **Auftrag** verpflichtet sich der Beauftragte ein Geschäft für einen anderen unentgeltlich zu besorgen (§ 662 BGB). Unter den Begriff des Geschäfts fallen Tätigkeiten jeglicher Art, sei es durch Vornahme von Rechtsgeschäften oder rein tatsächlicher Handlungen.
Stellvertretung bezieht sich ausschließlich auf die Abgabe von Willenserklärungen im fremden Namen.

181. *Wie unterscheidet sich der Stellvertreter vom* ***Boten*** *?*

Der Stellvertreter gibt eine *eigene* Willenserklärung ab, wenn auch im Namen des Vertretenen:
„Ich kaufe das Buch im Namen des Herrn X “.
Der Bote übermittelt eine *fremde* Willenserklärung, trägt also zur Vornahme des Rechtsgeschäfts nicht durch eigenes rechtsgeschäftliches Handeln bei:
„Der Herr X hat mich gebeten, Ihnen mitzuteilen, dass er das Buch kauft.“

182. *Welche Rechtswirkungen hat es, wenn der Bote entgegen seiner Berechtigung nach außen als Stellvertreter auftritt ?*

Nach herrschender Meinung ist das unschädlich. Desgleichen ist es unerheblich ist, wenn ein Stellvertreter als ein Bote auftritt.
Maßgeblich und erforderlich ist lediglich, dass beide ihre jeweilige "Botenmacht" oder ihre "Vertretungsmacht" nicht überschreiten. Im Falle bewusster Überschreitung der eingeräumten Befugnisse regeln sich die Rechtsfolgen nach den §§ 177 – 179 BGB.

183. *Was versteht man unter* ***mittelbarer Stellvertretung*** *?*

Mittelbare Stellvertretung liegt vor, wenn jemand ein Rechtsgeschäft **im eigenen Namen** aber im Interesse und für Rechnung eines anderen vornimmt.
Die mittelbare (unechte, verdeckte, stille, indirekte) Stellvertretung ist entgegen ihrem

Namen **kein Fall der Stellvertretung**. Der Ausdruck ist missverständlich.

184. *Was sind die Voraussetzungen für ein wirksames Geschäft des Stellvertreters ?*

Ein Rechtsgeschäft durch einen Stellvertreter kommt dann zustande,
1. wenn der Stellvertreter eine Willenserklärung abgibt oder empfängt,
2. offenkundig im fremden Namen des Vertretenen handelt
3. wenn das konkrete Geschäft in vollem Umfang von der Vertretungsmacht abdeckt ist (§ 164 Abs. 1 BGB).

185. *Was ist ein **Empfangsvertreter** ?*

Der Empfangsvertreter vertritt einen anderen bei der Entgegennahme einer Willenserklärung (passive Stellvertretung § 164 Abs.3 BGB).

186. *Wie unterscheidet sich der Empfangsvertreter von einem Empfangsboten ?*

Die Unterscheidung hat geringe Bedeutung, da beide dasselbe tun, indem sie eine Willenserklärung entgegennehmen.
Unterschiede bestehen beim Zeitpunkt des Zugangs der Willenserklärung bei dem Vertretenen. Beim Stellvertreter tritt der sofortige Zugang ein, bei einem Empfangsboten dann, wenn nach dem regelmäßigen Verlauf der Dinge mit der Weiterleitung der Willenserklärung an den Vertretenen durch den Empfangsboten zu rechnen ist (BGH NJW-RR 1989, 757).

187. *Was versteht man unter dem **Offenkundigkeits-Prinzip** bei der Stellvertretung nach dem BGB ?*

Der Stellvertreter muss dem Vertragspartner kenntlich machen, dass er für einen anderen handelt, den die Rechtswirkungen treffen sollen. Die Stellvertretung nach dem BGB verlangt eine Offenlegung.
Neben der ausdrücklichen Offenkundigkeit reicht auch die stillschweigende: Es genügt, wenn sich aus den **Umständen ergibt** lässt, dass der Erklärende die Erklärung als Stellvertreter für einen anderen abgibt (§ 164 Abs.1 Satz 2 BGB).

188. *Kann ein Stellvertreter mit dem Namen des Vertretenen unterschreiben ?*

Ja, das ist entgegen einer weit verbreiteten Meinung juristischer Laien möglich. Der Stellvertreter kann einen Vertrag sowohl mit seinem eigenen Namen als auch mit dem Namen des Vertretenen unterschreiben. Entgegen der weit verbreiteten Meinung handelt es sich auch nicht um eine Urkundenfälschung. Erforderlich ist jedoch, dass aus der Vertragsurkunde das Vertreterverhältnis hervorgeht und die Identität der Vertragspartner klar erkennbar ist.
Für das Geschäftsleben schreibt beispielsweise § 55 HGB vor, dass ein Prokurist in der Weise zeichnen soll, dass er "der Firma seinen Namen mit einem die Prokura andeutenden Zusatz beifügt" (Sollvorschrift). Dabei ist es unerheblich, ob er den Namen

des Unternehmens (der Firma) handschriftlich, mit einem Stempel oder maschinell schreibt und seinen Namen soll er mit einem die Vollmacht kennzeichnenden Zusatz "ppa.") beifügen:

"Mit freundlichen Grüßen Ihre Stahlwerke Aktiengesellschaft, ppa. Fritz Müller.".

Entsprechend kann auch eine korrekte Unterzeichnung im privaten Bereich aussehen, wobei es statt "ppa." nur "i.V." heißen müsste.

189. *Was gilt, wenn die Stellvertretung* ***nicht*** *hinreichend* ***erkennbar*** *wird ?*

Dann kommt der Mangel des Willens, im eigenen Namen zu handeln, nicht in Betracht (§ 164 Abs.2 BGB).

Das bedeutet, der Stellvertreter wird selbst verpflichtet.

190. *Wie ist der umgekehrte Fall zu beurteilen, wenn der Stellvertreter im fremden Namen auftritt, jedoch ein Eigengeschäft abschließen will ?*

Die rechtliche Behandlung dieser gesetzlich nicht geregelten Fälle ist umstritten.

Nach überwiegender Meinung ist wird das Auftreten im Umkehrschluss zu § 164 Abs.2 BGB als unbeachtlich behandelt. Das Rechtsgeschäft wirkt für und gegen den Vertretenen, soweit der Stellvertreter Vertretungsmacht hatte (umstr.).

Verwandt sind diese Fälle mit den Fällen der Identitätstäuschung bei einem "Handeln unter fremdem Namen".

Die herrschende Meinung behandelt einen Teil derartiger Fälle unter dem Gesichtspunkt des "Handelns unter fremdem Namen". Beim Handeln unter fremdem Namen benutzt der Handelnde den fremden Namen als den eigenen.

Die herrschende Meinung unterscheidet danach, wie der Geschäftspartner das Verhalten des Handelnden auffassen musste.

Ein **Eigengeschäft des Handelnden** liegt vor, wenn der Geschäftspartner mit dem Handelnden abschließen will und die Identität für ihn keine Rolle spielt.

> *Beispiel:*
> Wenn die Identität des Vertragspartners keine Rolle spielt, wie bei vielen Bargeschäften des täglichen Lebens.

Ein **Geschäft des Namensträgers** liegt vor, wenn das Auftreten des Handelnden auf eine bestimmte andere Person hinweist und der Geschäftspartner der Ansicht sein durfte, der Vertrag komme mit dieser Person zustande.

191. *Gibt es* ***Ausnahmen*** *von dem Offenkundigkeitsprinzip ?*

Eine Ausnahme vom Offenkundigkeitsprinzip gilt für das **„Geschäft mit dem, den es angeht“.**

Bei Barzahlungsgeschäften des täglichen Lebens ist es für den Geschäftspartner vielfach unerheblich, wer Vertragspartner wird. In diesen Fällen lässt man den Vertrag mit dem, den es angeht, zustande kommen, auch wenn der Vertreter beim Abschluss nicht ausdrücklich betont, dass er für einen anderen auftritt (beispielsweise: Kauf einer Zeitung am Kiosk). Die Rechtswirkungen des Rechtsgeschäfts treffen beim "Geschäft für den, den es angeht" nicht den Handelnden, sondern dessen verdeckten Hintermann.

192. *Gelten diese Grundsätze des "Geschäfts mit dem, den es angeht" sowohl für Verpflichtungsgeschäfte als auch für Verfügungsgeschäfte ?*

Nach herrschender Ansicht gelten die Grundsätze bei "Geschäften für den, den es angeht" in erster Linie nur für dingliche Erfüllungsgeschäfte, wenn es für den Vertragspartner unerheblich ist, an wen er das Eigentum überträgt. Bei Bargeschäften des täglichen Lebens wendet man jedoch diese Grundsätze gleichfalls an.

193. *Was versteht man unter einem "offenen Geschäft für den, den es angeht" ?*

Bei einem "offenen Geschäft für den, den es angeht" legt der Vertreter offen, dass er für einen anderen handelt, verschweigt jedoch die Person, für die er handelt.
Bei einem "verdeckten Geschäft für den, den es angeht" verschweigt er darüber hinaus, dass er überhaupt für einen anderen handelt (Ausnahme vom Grundsatz der Offenkundigkeit).

194. *Ist Stellvertretung nach § 164 ff. BGB bei allen Rechtsgeschäften möglich ?*

Nein, das ist nicht möglich.
Möglich ist die Stellvertretung im Grundsatz bei allen Rechtsgeschäften. Eine Stellvertretung ist auch bei rechtsgeschäftsähnlichen Rechtsgeschäften möglich (z. B. einer Mahnung § 286 Abs.1 BGB)
Nicht möglich ist eine Stellvertretung jedoch bei den
- sog. höchstpersönlichen Rechtsgeschäften (Eheschließung, Testamentserrichtung, Annahme als Kind) und
- bei den Realakten (Besitzerwerb § 854 BGB; Besitzaufgabe § 856 BGB).

195. *Kann man bei **tatsächlichen Handlungen (Realakten)** „vertreten“ werden ?*

Nein, Stellvertretung in rechtlichen Sinn ist nur bei der Abgabe von Willenserklärungen, nicht aber bei der Vornahme von Realakten möglich (wie z.B. bei der der „Vertretung“ in der Wahrnehmung einer Repräsentatonspflicht bei einer Festlichkeit – aber auch selbst dann nicht, wenn die Realakte Bestandteile eines Rechtsgeschäfts sind, wie z.B. der Besitzerwerb).

196. *Welche Arten der Stellvertretung kennen Sie ?*

Gesetzliche und **rechtsgeschäftliche** Stellvertretung, je nachdem, ob die Vertretung
- auf Gesetz oder
- auf einem Rechtsgeschäft beruht („**Vollmacht**“).

197. *Was ist eine "**Vollmacht**" ?*

Eine Vollmacht ist die durch ein Rechtsgeschäft erteilte Vertretungsmacht (Legaldefinition des § 166 Abs.2 BGB).

198. *Was versteht man unter dem **Abstraktionsprinzip im Vertretungsrecht** ?*

Das Abstraktionsprinzip im Vertretungsrecht besagt, dass die Vertretungsmacht grundsätzlich unabhängig von dem zugrunde liegenden Rechtsverhältnis ist. Überschreitet der Stellvertreter seine ihm im Innenverhältnis gesetzten Grenzen, hält sich aber im Rahmen seiner Vertretungsmacht, dann ist das Geschäft wirksam.
Beispiel: ein Generalbevollmächtigter darf nach seinen internen Grenzen nur Geschäfte bis 100.000.-- €uro abschließen und tätig jedoch darüber hinaus ein Geschäft von 500-000.-- €uro. Der Vertrag ist wirksam.

199. *Ist die Erteilung einer Vollmacht formbedürftig ?*

Die Erteilung einer Vollmacht ist grundsätzlich formfrei.
Die herrschende Meinung bejaht eine Formpflicht, wenn Formvorschriften bei formbedürftigen Rechtsgeschäften umgangen werden sollen. So bedarf die Bevollmächtigung zum Eingehen einer Bürgschaft der Schriftform (§ 766 BGB).

200. *Nennen Sie Beispiele für **gesetzliche Vertretungsmacht**.*

Die **Eltern** sind gesetzliche Vertreter ihrer Kinder (§§ 1626, 1629 BGB).
Der **Vorstand** ist gesetzlicher Vertreter des Vereins (§ 26 Abs.2 Satz 1 BGB) oder der Aktiengesellschaft (§ 76 AktG).
Der **Geschäftsführer** ist gesetzlicher Vertreter der GmbH (§ 35 Abs.1 GmbHG).

201. *Was ist der Unterschied zwischen einem gesetzlichen Vertreter und einem Bevollmächtigten ?*

Der gesetzliche Vertreter hat Vertretungsmacht kraft Gesetzes.
Der Bevollmächtigte hat Vertretungsmacht kraft eines Rechtsgeschäfts, der Vollmacht.

202. *Wer legt den Umfang der Vertretungsmacht fest ?*

Der Vollmachtgebers bestimmt grundsätzlich den genauen Umfang der Vertretungsmacht.
Bei einigen Vollmachten des Handelsrechts ist der Umfang der Vertretungsmacht zwingend festgelegt. So kann die Prokura mit Wirkung nach außen nicht eingeschränkt werden (§§ 48, 50 HGB).

203. *Ist der gute Glaube des Geschäftspartners an die Existenz oder an einen be stimmten Umfang der Vollmacht geschützt ?*

Nein.
Der „gute Glaube“ an die Vertretungsmacht eines „Vertreters“ **ohne Vertretungsmacht** ist nicht geschützt. Wer auf eine Bevollmächtigung vertraut tut dies auf eigenes Risiko.
Lediglich im Handelsrechts ist zum Schutz des Geschäftsverkehrs der Umfang der Vollmachten mit Wirkung nach außen festgelegt (§§ 48, 50 HGB).
Zum Schutz des guten Glaubens besteht eine Haftung des Vertreters, der ohne Vertretungsmacht handelt (§ 179 BGB).

204. *Wann erlischt eine Vollmacht ?*

1. Eine Vollmacht erlischt gem. § 168 BGB, wenn das zugrunde liegende Rechtsverhältnis beendet wird (z.B. Kündigung eines Arbeitsverhältnisses). Es handelt sich um eine Ausnahme vom Abstraktionsprinzip.
2. Der Vertretene kann eine Vollmacht jederzeit widerrufen.
3. Die Vollmacht kann selbst einen Beendigungsgrund beinhalten (Bedingung, Befristung).

205. *Erlischt die Vollmacht mit dem Tod des Vollmachtgebers ?*

Nein, nicht automatisch.
Das Erlöschen richtet sich nach dem Innenverhältnis (§§ 168 Satz 1, 672, 675 BGB).

206. *Was versteht man unter einer **postmortalen Vollmacht** ?*

Die postmortale Vollmacht ist eine Vollmacht auf den Todesfall. Sie wird erst mit dem Tode des Vertretenen wirksam. Die Erben können diese Vollmacht widerrufen. Bis zum Widerruf vertritt der Stellvertreter die Erben.

207. *Ist der Vollmachtgeber an die einmal ausgesprochene Vollmacht gebunden ?*

Die Bevollmächtigung ist jederzeit frei widerruflich.
Der Vollmachtgeber muss darauf achten, dass ein Widerruf der Vollmacht beim Geschäftspartner bekannt wird, um ggf. die Fiktion des Fortbestehens der §§ 171 bis 173 BGB zu vermeiden.

208. *Kann die Erteilung einer Vollmacht angefochten werden ?*

Die Erteilung einer Vollmacht ist eine Willenserklärung, die nach den allgemeinen Regeln angefochten werden kann.

209. *Besteht die Möglichkeit, eine unwiderrufliche Vollmacht zu erteilen ?*

Der Vollmachtgeber kann mit dem Stellvertreter vertraglich vereinbaren, dass die erteilte Vollmacht nur unter gewissen Voraussetzungen oder überhaupt nicht mehr widerrufen werden kann.

Nach herrschender Meinung wird eine derartige Vereinbarung nur anerkannt, wenn die Unwiderruflichkeit durch ein besonderes schutzwürdiges Eigeninteresse des Bevollmächtigten bedingt ist. Bei Generalvollmachten wird ein Widerrufsausschluss generell nicht als zulässig angesehen.
Und ungeachtet dessen kann eine unwiderrufliche Vollmacht aus *wichtigem Grund* stets widerrufen werden (vgl. BGH NJW 1988, 2603).

210. *Ist der Vertragsschluss eines Vertreters ohne Vertretungsmacht unwirksam ?*

Nein. Die Wirksamkeit des Vertrages hängt von der Genehmigung des Vertretenen ab (§ 177 Abs. 1 BGB).
Der Vertrag ist eingeschränkt wirksam („**schwebend unwirksam**").

211. *Haftet der Vertreter ohne Vertretungsmacht dem Dritten persönlich ?*

Ja.
Vertreters ohne Vertretungsmacht haftet dem Dritten nach dessen Wahl auf Erfüllung des abgeschlossenen Geschäfts oder auf Schadensersatz (§ 179 BGB).

212. *Was versteht man unter „**Handeln unter fremden Namen**" ?*

Beim Handeln **unter fremden Namen** legt sich der Erklärende einen fremden Namen zu. Er gibt keine Willenserklärung im fremden Namen ab. Man unterscheidet zwischen einer Namenstäuschung und einer Identitätstäsuchung.

213. *Was versteht man unter einer **Namenstäuschung** ?*

Eine gewöhnliche Namenstäuschung liegt vor, wenn man gegenüber dem Vertragspartner "unter fremdem Namen" auftritt (beispielsweise unter dem Allerweltsnamen Müller ein Hotelzimmer reserviert). Der wahre Name ist unerheblich.

214. *Was versteht man unter einer **Identitätstäuschung** ?*

Bei einer Identitätstäuschung liegt ebenso wie bei einer Namenstäuschung ein Handeln unter fremdem Namen vor. Jedoch soll bei der Identitätstäuschung bei dem Vertragspartner eine unrichtige Identitätsvorstellung hervorgerufen werden, dem es daran gelegen sein kann, mit dem Namensträger selbst zu kontrahieren.

215. *Welche Rechtsfolgen treten beim „**Handeln unter fremden Namen**" ein ?*

Das Gesetz regelt diesen Fall nicht ausdrücklich.
Man muss nach der Interessenlage des Geschäftsgegners durch Auslegung differenzieren:
a. Ein **Eigengeschäft des Handelnden unter falscher Namensabgabe** liegt vor, wenn der Geschäftspartner keinen unzutreffenden Identitätsvorstellungen

unterliegt und mit der handelnden Person abschließen will. Deren Name ist dann Nebensache (Der Name ist „Schall und Rauch“). Der Vertrag kommt mit dem unter falschen Namen Handelnden zustande (beispielsweise bei Übernachtung unter falschem Namen im Hotel, Bargeschäften oder der Verwendung frei erfundener Phantasienamen .

b. Ein **Geschäft des wahren Namensträgers** liegt demgegenüber dann vor, wenn es dem Geschäftspartner entscheidend darauf ankommt, mit dem wirklichen Träger des Namens zu kontrahieren. Die §§ 164 ff. BGB finden analog Anwendung: Der Vertrag kommt mit dem Namensträger zustande, wenn Vertretungsmacht für den wahren Namensträger durch dessen Einwilligung oder Genehmigung vorliegt. Andernfalls greift die Regelung des § 179 BGB für den vollmachtlosen Vertreter in analoger Anwendung auf den Handelnden unter fremdem Namen.

c. Ein **Geschäft des wahren Namensträgers** liegt weiterhin vor, wenn es dem Geschäftspartner gleichgültig ist, mit wem er den Vertrag abschließt und die Grundsätze für ein „Geschäft mit **dem, den es angeht**“ eingreifen können. Die §§ 164 ff. BGB finden analog Anwendung: Der Vertrag kommt mit dem wahren Namensträger zustande, wenn Vertretungsmacht vorliegt.

216. *Kann auch ein Minderjähriger Stellvertreter sein ?*

Die Wirksamkeit einer Willenserklärung wird durch die beschränkte Geschäftsfähigkeit eines minderjährigen Stellvertreters nicht beeinträchtigt (§ 165 BGB).

217. *Welche Besonderheiten gelten für einen minderjährigen Stellvertreter ?*

Der Minderjährige haftet grundsätzlich nicht, falls er seine Vertretungsmacht überschreitet (§ 179 Abs.3 Satz 2 BGB).

218. *Was bedeutet das Verbot des **Selbstkontrahierens** ?*

Das geregelte Verbot des Selbstkontrahierens legt fest, dass niemand als Vertreter eines anderen mit sich selbst oder mit einer dritten von ihm vertretenen Person Rechtsgeschäfte vornehmen kann (§ 181 BGB). Der Vollmachtgeber kann allerdings von der Beschränkung des § 181 BGB Befreiung erteilen.

219. *Welche beiden Fälle sind in § 181 BGB geregelt ?*

a. Das „**Insichgeschäft**“:
Der Vertreter schließt das Geschäft auf der einen Seite als Vertreter im Na men des Vertretenen und auf der anderen Seite mit sich selbst in eigener Person ab.

b. Die „**Mehrfachvertretung**“:
Ein Vertreter handelt sowohl als Vertreter für die eine als auch für die

andere Partei.

220. *Was versteht man unter einem Missbrauch der Vertretungsmacht ?*

Von einem Missbrauch der Vertretungsmacht spricht man, wenn der Vertreter zwar im Rahmen der ihm erteilten Vertretungsmacht handelt, jedoch die ihm im Innenverhältnis gesetzten Grenzen überschreitet. Beispielsweise wird einem Generalbevollmächtigten untersagt, Geschäfte über einen bestimmten Betrag hinaus ohne vorherige Zustimmung abzuschließen.
Der gegnerische Geschäftspartner, der diese Einschränkung des Stellvertreters nicht kennt, braucht die Einschränkung grundsätzlich nicht gegen sich geltend zu lassen.

221. *Was versteht man unter einer* ***Kollusion*** *?*

Unter einer Kollusion versteht man das arglistige Zusammenwirken zwischen einem Stellvertreter unter offensichtlichem Missbrauch seiner Vertretungsmacht und einem Geschäftspartner, der diesen Missbrauch kennt, zum Nachteil eines Vertretenen.
Ein derartiges Rechtsgeschäft ist nach § 138 Abs.1 BGB nichtig.

222. *Was versteht man unter einer Rechtsscheinvollmacht ?*

Die **Rechtsscheinvollmacht** beruht nicht auf einer rechtsgeschäftlichen Erteilung einer Vertretungsmacht gem. § 167 BGB, sondern auf einer Zurechnung kraft eines Rechtsscheins.
Gesetzlich geregelt sind die Fälle in den §§ 170 – 172 BGB.
Darüber hinaus bestehen die von der Rechtspraxis entwickelten Rechtsscheinvollmachten der sog. **Duldungsvollmacht** und der sog. **Anscheinsvollmacht.**

223. *Welches sind allgemein die drei Grundlagen einer Rechtsscheinhaftung ?*

1. Das Vorliegen des objektiven Rechtsscheintatbestandes einer Vollmacht (z.B. das Vorliegen einer Vollmachtsurkunde),
2. das zurechenbar vom Vertretenen veranlasst wurde
3. und ein guter Glaube des Dritten (vgl. § 173 BGB).

224. *Was ist unter Duldungsvollmacht und Anscheinsvollmacht zu verstehen ?*

In beiden Fällen fehlt eine Vollmacht, jedoch lassen die Umstände auf eine Bevollmächtigung schließen (Rechtsschein).

Bei einer Duldungsvollmacht kennt der Vertretene das Auftreten eines anderen ohne Bevollmächtigung für ihn und lässt es wissentlich geschehen. Die Fälle einer Duldungsvollmacht grenzen an eine stillschweigend erteilte Vollmacht.

Bei einer Anscheinsvollmacht kennt der Vertretene das Handeln des anderen nicht, er hätte es jedoch bei Anwendung der im Verkehr erforderlichen Sorgfalt erkennen und verhindern können.

225. *Haftet der Stellvertreter persönlich, wenn er einen Vertrag ohne Vertretungs macht für einen Dritten abschließt ?*

Der Vertreter ohne Vertretungsmacht haftet grundsätzlich gem. § 179 Abs.1 und 2 BGB persönlich. Und zwar kann der Vertragsgegner wählen zwischen einer Erfüllung des Vertrages – dann muss der Vertragsgegner jedoch auch selbst seine Gegenleistung erbringen - oder einem Anspruch Schadensersatz.
Ausnahmsweise haftet der Vertreter ohne Vertretungsmacht im Falle des § 179 Abs.3 BGB nicht persönlich.

226. *Welches sind die Voraussetzungen des gesetzlichen Anspruchs nach § 179 BGB ?*

Der Vertreter ohne Vertretungsmacht
1. hat im fremdem Namen ein Rechtsgeschäft getätigt,
2. und hat ohne die erforderliche Vertretungsmacht gehandelt,
3. das der Vertretene nicht genehmigt hat.

227. *Ist für die Haftung des Vertreters ohne Vertretungsmacht nach § 179 BGB ein Verschulden erforderlich ?*

Nein, ein Verschulden ist nicht erforderlich. § 179 BGB begründet eine gesetzliche Garantiehaftung.

228. *Kommt eine Garantiehaftung des Vertreters ohne Vertretungsmacht auch in Frage, wenn das abgeschlossene Geschäft auch aus anderen Gründen unwirksam ist ?*

Nein, dann kommt eine Garantiehaftung nach § 179 BGB nicht in Betracht, wenn der abgeschlossene Vertrag aus anderen Gründen unwirksam ist (Formmangel, Gesetzeswidrigkeit, Sittenwidrigkeit u.s.w.).
Das Vertrauen des Geschäftsgegners soll nur im Hinblick auf die fehlende Vertretungsmacht geschützt werden, er soll jedoch nicht besser gestellt werden, als er im Falle einer wirksamen Vertretungsmacht stehen würde.

229. *Wird der vollmachtlose Stellvertreter Vertragspartei, wenn sich der Geschäftsgegner für eine Vertragserfüllung entscheidet ?*

Nein, das wird er nach der herrschenden Meinung nicht. Er erhält lediglich einen gesetzlichen Anspruch mit dem Inhalt des Erfüllungsanspruchs und erlangt damit jedoch faktisch alle Rechte eines Vertragspartners.

§ 10. Bedingungen

230. *Was versteht man unter einer Bedingung im Sinne des § 158 BGB ?*

Eine Bedingung ist ein objektiv ungewisses zukünftiges Ereignis.

231. *Wie unterscheidet sich eine aufschiebende von einer auflösenden Bedingung ?*

Das BGB unterscheidet zwischen einer **aufschiebenden** (§ 158 Abs.1 BGB) und einer **auflösenden** Bedingung (§ 158 Abs.2 BGB).
Bei aufschiebenden Bedingungen treten die Wirkungen eines Rechtsgeschäfts mit dem Eintritt der Bedingung ein (mit dem erfolgreichen Abschluss des Abiturs erhält der Schüler das Geld für einen Führerschein).
Bei auflösenden Bedingungen enden die Wirkungen mit dem Eintritt der Bedingung und es tritt der frühere Zustand wieder ein (.

232. *Sind Vertragsbedingungen Bedingungen gem. § 158 BGB ?*

Nein Vertragsbedingungen sind keine "Bedingungen". Der Ausdruck hat durch die AGB Eingang in das BGB gefunden (§ 307 BGB).

233. *Was versteht man unter einer **Befristung** ?*

Unter einer Befristung ist eine durch den Parteiwillen in ein Rechtsgeschäft eingefügte Bestimmung, wonach ein zukünftiges gewisses Ereignis für den Beginn der Rechtswirkungen (Anfangstermin) oder deren Ende (Endtermin) maßgebend ist (§ § 163 BGB).

234. *Wie unterscheiden sich Bedingungen und Befristungen ?*

Die Abgrenzung ist fließend. Im Falle eines ungewissen künftigen Ereignisses liegt in der Regel eine Bedingung vor. Ist ein Ereignis lediglich hinsichtlich des Zeitpunktes des Eintritts des Ereignisses ungewiss, beispielsweise hinsichtlich des Eintritts des Todes bei einer lebenslangen Rente, liegt in der Regel eine Befristung vor.

§ 11. Fristen

235. *Was versteht man unter einer Frist ?*

Unter einer Frist versteht man einen bestimmten oder einen bestimmbaren Zeitraum, innerhalb dessen eine Handlung vorgenommen werden soll.

236. *Wie berechnet man den **Beginn** einer **Frist** ?*

Ist für den Anfang einer Frist **ein Ereignis** oder **ein in den Lauf eines Tages fallender Zeitpunkt** maßgebend, so wird bei der Berechnung der Frist der Tag **nicht** mitgerechnet, in welchen das Ereignis oder der Zeitpunkt fällt.
Der erste Tag wird nicht mit gerechnet.

Ist aber der **Beginn** eines Tages der für den Anfang einer Frist maßgebende Zeitpunkt, so wird dieser Tag bei der Berechnung der Frist mitgerechnet (§ 187 Abs.2 BGB).
Der erste Tag wird mit gerechnet.

237. *Wie berechnet man das **Fristende** ?*

Eine nach Tagen bestimmte Frist endigt mit dem Ablauf des letzten Tages der Frist (§ 188 Abs.1 BGB).
Eine Frist nach Wochen, Monaten, Jahren u.s.w. **endigt mit Ablauf des Tages**
- **im Falle des § 187 Abs.1 BGB:**
der durch seine Benennung oder seine Zahl dem Tag **entspricht,** in den das Ereignis oder der Zeitpunkt fällt (§ 188 Abs.2 BGB):
- **im Falle des § 187 Abs.2 BGB:**
welcher dem Tage **vorhergeht**, der durch seine Benennung oder seine Zahl dem Anfangstag der Frist entspricht (§ 188 Abs.2 BGB).

238. *Was folgt, wenn zur Fristwahrung eine Willenserklärung oder eine Leistung bis zu einem bestimmten Tag abgegeben oder erbracht werden muss und dieser Tag auf einen **Sonnabend**, einen **Sonntag** oder einen **gesetzlichen Feiertag** fällt ?*

Dann tritt der nächste Werktag an die Stelle eines solchen Tages (§ 193 BGB).

239. *Wieviele Tage sind bei einem Zeitraum von Monaten oder Jahren zugrunde zu legen ?*

Ein **Monat** umfasst **30 Tage,** ein **Jahr 365 Tage**, wenn der Monats- oder Jahreszeitraum nicht zusammenhängend zu verlaufen braucht (§ 191 BGB).

§ 12. Verjährung §§ 194 ff. BGB

240. *Was versteht man unter der **Verjährung** ?*

Verjährung bedeutet Verlust der Durchsetzbarkeit eines Anspruchs infolge Zeitablaufs.

241. *Was ist Gegenstand der Verjährung ?*

Gegenstand der Verjährung sind lediglich materiell-rechtliche Ansprüche (§ 194 Abs.1 BGB).
Rechte und Rechtsstellungen, die keine Ansprüche sind (z.B. die Gestaltungsrechte), können nicht verjähren.

242. *Welche Rechtsfolgen hat die Verjährung eines Anspruchs ?*

Nach Eintritt der Verjährung ist der Verpflichtete berechtigt aber nicht ver-

pflichtet, die Leistung zu verweigern (§ 214 Abs.1 BGB).
Die Verjährung gewährt ein „Leistungsverweigerungsrecht“ **auf Dauer**. Es handelt sich um eine sog. Einrede und nicht um eine sog. Einwendung.
Leistet der Schuldner trotz Verjährung, kann er die Leistung nicht mehr zurückfordern (§ 214 Abs.2 Satz 1 BGB).

243. *Wie unterscheidet sich eine Ausschlussfrist von einer Verjährung ?*

Ausschlussfrist und Verjährung unterscheiden sich durch ihre unterschiedlichen Wirkungen.
Eine Ausschlussfrist bringt das betreffende Recht mit dem Ablauf der Frist zum Erlöschen.
Die Verjährung gewährt lediglich ein (wenn auch dauerndes) Leistungsverweigerungsrecht. Eine Leistung trotz einer verjährten Forderung kann nicht nach bereicherungsrechtlichen Gesichtspunkten zurückgefordert werden.

244. *Ist die Verjährung eigentlich ein „gerechtes“ Institut im Sinne der Idee der Gerechtigkeit ?*

Eigentlich **nicht** unter allen Gesichtspunkten.
Zunächst zahlt ein Schuldner nicht und der Gläubiger wartet ab, (vielleicht sogar, um dem Schuldner entgegenzukommen).
Dann sagt der Schuldner eines Tages: Jetzt ist es zu spät.
Und die Rechtsordnung sagt zum Schuldner: Du hast recht.
Der Gesetzgeber will mit dem Institut der Verjährung nach einer gewissen Zeit Klarheit schaffen. Das Rechtsinstitut der Verjährung dient der Sicherheit des Verkehrs und dem Rechtsfrieden, denn das zu lange Zuwarten mit der Durchsetzung eines Anspruchs kann die Klärung der Rechtslage erschweren.

245. *Welche Verjährungsfristen gibt es ?*

1. Die regelmäßige Verjährungsfrist beträgt **3 Jahre** (§ 195 BGB).

2. Daneben gibt es kürzere oder längere gesetzliche Verjährungsfristen:
   a. **6 Monate** beträgt die Verjährungsfrist für **Ersatzansprüche** des **Ver mieters** nach Rückgabe der Mietsache (§ 548 Abs.1 BGB).
   b. **2 Jahre** beträgt die Verjährungszeit für **Mängelansprüche im Kauf recht** (§ 438 Abs.1 Nr.3 BGB).
   c. **5 Jahre** beträgt die Verjährungsfrist für Mängelansprüche bei gekauften **Bauwerken** (§ 438 Abs.1 Nr.2 BGB).
   d. **10 Jahre** beträgt die Verjährungsfrist für Ansprüche auf **Übertra gung** des **Grundstückeigentums** sowie die Ansprüche auf die Ge genleistung (§ 196 BGB).
   e. **30 Jahre** beträgt die Verjährungsfrist für **Herausgabeansprüche**

aus dem **Eigentum** (§ 197 BGB).

246. *Wann beginnt die Verjährungsfrist zu laufen ?*

Die **regelmäßige** Verjährungsfrist beginnt mit dem Schluß des Jahres in dem
1. der Anspruch entstanden ist und
2. der Gläubiger von den den Anspruch begründenden Umständen Kenntnis er langt oder ohne grobe Fahrlässigkeit erlangen musste (§ 199 Abs.1 BGB).

Bei Ansprüchen, die **nicht** der **regelmäßigen** Verjährungsfrist von 3 Jahren unterliegen, beginnt die Verjährungsfrist mit der Entstehung des Anspruchs, soweit nicht ein anderer Verjährungsbeginn bestimmt ist (§ 200 BGB), wie beispielsweise die Verjährung im Kaufrecht mit der Übergabe der Sache (§ 438 Abs.2 BGB), im Werkvertragsrecht mit der Abnahme des Werks (§ 634 a Abs.2 BGB) beginnt.

247. *Was bedeuten **Hemmung** und **Neubeginn** der Verjährung ?*

Bei einer **Hemmung** der Verjährung wird der Zeitraum, während dessen die Verjährung gehemmt ist, nicht in die Verjährungsfrist eingerechnet wird (§ 209 BGB). Nach Wegfall der hemmenden Umstände läuft die früher begonnene Verjährung weiter.
Bei einem **Neubeginn** der Verjährung läuft die früher begonnene Verjährung nicht weiter (§ 212 BGB).
Die Verjährungszeit beginnt erneut von vorne zu laufen.

248. *Reicht eine **Mahnung** des Gläubigers aus, um die Verjährung zu hemmen ?*

Nein, die Mahnung des Schuldners reicht nicht aus, um die Hemmung der Verjährung herbeizuführen.
Der Gläubiger muss die Zustellung eines Mahnbescheids im Mahnverfahren bewirken (§ 204 Abs.1 Nr.3 BGB).

249. *Welche Wirkung hat ein **Mahnbescheid** ?*

Der Mahnbescheid hemmt die Verjährung (§ 204 Abs.1 Nr.3 BGB).

250. *Wie unterscheiden sich **Einwilligung** und **Genehmigung** voneinander ?*
Wie lautet der Oberbegriff ?

Der Oberbegriff ist die **Zustimmung.**
Die **vorherige** Zustimmung heißt **Einwilligung** (§ 183 BGB).
Die **nachträgliche** Zustimmung heißt **Genehmigung** (§ 184 BGB).

§ 13. Selbsthilfe, Notwehr Fragen 170 – 171

251. *Ist die Durchsetzung von Rechten „**auf eigene Faust**“ erlaubt ?*

Nein. Das Gewaltmonopol hat der Staat.
Ausnahmsweise ist die eigene Gewaltanwendung zur Durchsetzung von Rechten zulässig bei der Abwehr eines gegenwärtigen rechtswidrigen Angriffs von sich oder anderen oder als Selbsthilfe dann, wenn staatliche Hilfe nicht mehr rechtzeitig erreicht werden kann und ohne sofortiges Eingreifen die Vereitelung oder eine wesentliche Erschwerung der Durchsetzung des Rechts droht (§§ 227 bis 230 BGB).

252. *Der Einbrecher A geht mit einem Knüppel auf den B los, der wegen der Einbrechergeräusche aus dem Schlaf erwacht war. B hat verbotenerweise ohne Genehmigung eine Pistole im Nachttischschrank.*
Darf B auf A schießen ?

Ja. B hat ein Notwehrrecht (§ 227 BGB). B ist berechtigt den A in Verteidigung seines Rechts auf körperliche Unversehrtheit mit der Schusswaffe zu verletzen.

Teil 2. Allgemeines Schuldrecht Fragen 172 – 422

§ 14. Allgemeine Grundsätze

253. *Wie ist das Recht der Schuldverhältnisse aufgebaut ?*

Das Schuldrecht gliedert sich in den allgemeinen Teil und in den besonderen Teil.
Der besondere Teil ist nochmals untergliedert in die vertraglichen Schuldverhältnisse und in die gesetzlichen Schuldverhältnisse.

254. *Was ist unter einem **Schuldverhältnis** zu verstehen ?*

Ein Schuldverhältnis ist ein Rechtsverhältnis zwischen mindestens zwei Rechtssubjekten, aus dem die am Rechtsverhältnis Beteiligten einseitig oder mehrseitig Leistungsansprüche gegen den jeweils anderen Teil herleiten können (§ 241 BGB).

255. *Man unterscheidet Schuldverhältnisse im weiteren Sinn und Schuldverhältnisse im engeren Sinn. Was ist darunter zu verstehen ?*

Unter einem **Schuldverhältnis im engeren Sinn** versteht man eine rechtliche Forderungsbeziehung zwischen einem Gläubiger und einem Schuldner, kraft derer der Gläubiger vom Schuldner eine Leistung verlangen kann (§ 241 Abs.1 BGB). In einem Kaufvertrag, beispielsweise, hat der Verkäufer einen Anspruch auf Bezahlung des Kaufpreises (§ 433 Abs.2 BGB). Es handelt sich um ein Schuldverhältnis im engeren Sinn.

Unter einem **Schuldverhältnis im weiteren Sinn** versteht man das gesamte Rechtsverhältnis zwischen Gläubiger und Schuldner, das die Schuldverhältnisse im engeren Sinn mit umfasst (vgl. § 241 Abs.2 BGB). Der Kaufvertrag ist ein Schuldverhältnis im weiteren Sinn, der die einzelnen Schuldverhältnisse im engeren Sinn zwischen Käufer und Verkäufer umfasst.

256. *Was ist ein **Dauerschuldverhältnis** ?*

Ein Dauerschuldverhältnis begründet ein Schuldverhältnis, dessen Leistungen nicht einmalig sondern in einem längeren Zeitraum erbracht werden (z. B. Miete,

Darlehen).

257. *Was versteht man unter einem **Anspruch** ?*

Ein Anspruch ist das Recht, von einem anderen ein Tun oder ein Unterlassen zu verlangen (§ 194 BGB).

258. *Worin besteht der Unterschied zwischen **gesetzlichen** und **rechtsgeschäftlichen** Schuldverhältnissen ?*

Schuldverhältnisse können entweder kraft Gesetzes oder durch Rechtsgeschäft begründet werden.
Rechtsgeschäftliche Schuldverhältnisse entstehen aufgrund eines gezielt auf deren Begründung gerichteten Rechtsgeschäfts zwischen den künftigen Partnern (§ 311 Abs.1 BGB, z.B. Kaufvertrag, § 433 BGB).
Gesetzliche Schuldverhältnisse entstehen unabhängig von dem Willen der daran beteiligten Personen durch die Verwirklichung bestimmter, im Gesetz näher beschriebener Tatbestandsmerkmale.

259. *Können vertragliche Ansprüche bereits durch **Aufnahme von Vertragsverhandlungen** entstehen ?*

Ein Schuldverhältnis entsteht schon mit der Aufnahme von Vertragsverhandlungen, Anbahnung eines Vertrages oder ähnlicher geschäftlicher Kontakte (§ 311 Abs.2 BGB).

260. *Nennen Sie Beispiele für gesetzliche Schuldverhältnisse.*

Die unerlaubte Handlung (§§ 823 ff. BGB) und die ungerechtfertigte Bereicherung (§§ 812 ff. BGB).

261. *Was sind **gegenseitige Verträge** (§ 320 ff. BGB) ?*

Gegenseitige Verträge sind schuldrechtliche Verträge mit beiderseitigen Leistungspflichten, die in einem Abhängigkeitsverhältnis zueinander stehen. Die wechselseitige Abhängigkeit der gegenseitigen Verpflichtungen ist kennzeichnend.

262. *Man unterscheidet bei Verträgen zwischen Hauptleistungspflichten und Nebenleistungspflichten. Welche Bedeutung haben sie ?*

Hauptleistungspflichten eines Vertrages sind die Pflichten, die den Vertrag kennzeichnen und mit deren Erfüllung der Vertrag stehen und fallen soll. Bei gegenseitigen Verträgen stehen sie in einem gegenseitigen Abhängigkeitsverhältnis (Synallagma). Die wichtigsten Regelungen finden sich in den §§ 320 ff. BGB.
Nebenleistungspflichten sollen der Vorbereitung, der Durchführung und Siche-

rung des Vertrages dienen. Sie unterstehen nicht unter den Regelungen der §§ 320 ff. BGB.

263. *Was sind* ***"Obliegenheiten"*** *?*

Obliegenheiten sind "Verpflichtungen" (Mitwirkungspflichten) in einem Schuldverhältnis im eigenen Interesse, deren Befolgung dem Träger frei steht – jedoch hat er die rechtlichen Folgen bei deren Nichtbeachtung zu tragen (beispielsweise den Schaden so gering, wie möglich zu halten; einem Maler Modell zustehen; zahlreiche Obliegenheiten gibt es im Versicherungsrecht, bei deren Nichterfüllung, wie zum Beispiel bei Anzeigepflichten, drohen Rechtsnachteile).

264. *Was ist eine* ***Naturalobligation*** *?*

Naturalobligationen sind Verpflichtungen, die lediglich freiwillig erfüllt werden dürfen, jedoch nicht eingeklagt werden können. Dazu gehören Ansprüche aus Spiel und Wette (§ 762 Abs.1 Satz 2 BGB) oder der Ehemaklerlohn (§ 656 Abs.1 Satz 2 BGB).
Im Falle der freiwilligen Leistung durch die Schuldner können die Leistungen nicht
nach den Grundsätzen der ungerechtfertigten Bereicherung zurückgefordert werden.

265. *Wo ist der* ***Leistungsort = Erfüllungsort*** *?*

Der Leistungsort ist der Ort, an welchem der Schuldner zur Zeit der Entstehung des Schuldverhältnisses seinen Wohnsitz hatte, wenn er nicht anderweit bestimmt war
(§ 269 BGB).

266. *Was versteht man unter* ***Hol-, Bring-*** *und* ***Schickschulden*** *?*

Bei **Holschulden** ist der Ort des Schuldners der Erfüllungsort.
Bei **Bringschulden** ist der Ort des Gläubigers der Erfüllungsort.
Bei **Schickschulden** ist der Ort des Schuldners der Erfüllungsort, dieser hat jedoch die Verpflichtung übernommen, den Leistungsgegenstand nach Anweisung des Gläubigers an einen anderen Ort als den Erfüllungsort abzusenden.

267. *Welche Bedeutung hat die Leistung am richtigen Ort für den Schuldner- bzw. Gläubigerverzug ?*

Der Schuldner hat das seinerseits Erforderliche gem. § 243 Abs.2 BGB erst getan, wenn er die Leistung am richtigen Ort erbringt.
Der Schuldner kommt in Schuldnerverzug, wenn er die Leistung nicht am richtigen Ort erbringt.
Der Gläubiger kommt vorher nicht in Annahmeverzug.

268. *Muss der Schuldner immer in eigener Person leisten ?*

Nein.
Die geschuldete Leistung kann auch von einem Dritten erbracht werden (§ 267 BGB), wenn der Schuldner „nicht in Person zu leisten hat“ wie beispielsweise gem. § 613 BGB bei einem Dienstvertrag.

269. *Welche Bedeutung haben „**Treu und Glauben**“ (§§ 157, 242 BGB) hinsichtlich der Begründung von Nebenpflichten ?*

Die Verletzung vertraglicher Nebenpflichten, die nach Treu und Glauben ergänzend bei jedem Schuldverhältnis begründet werden, führt zu Ansprüchen wegen einer „Pflichtverletzung“ (§ 280 BGB = positiver Vertragsverletzung“).

270. Nennen Sie Beispiele für vertragliche Nebenpflichten.

Sorgfalts-, Obhuts- und Aufklärungspflichten.

271. *Was ist eine **Gattungsschuld** ?*

Bei einer Gattungsschuld ist der Leistungsgegenstand ist nach Gattungsmerkmalen bestimmt (beispielsweise 1 Pfund Äpfel; 5 Kg Zucker). Es handelt sich um einen Sonderfall der Schuld mit unbestimmter, aber bestimmbarer Leistung.

272. *Was versteht man unter einer „**beschränkten Gattungsschuld**“ = „**Vorratsschuld**“ ?*

Eine beschränkte Gattungsschuld (Vorratsschuld) liegt vor, wenn die geschuldete Leistung der Parteivereinbarung entsprechend nach Gattungsmerkmalen bestimmt ist, aber aus einer ganz bestimmten, abgegrenzten Teilmenge entnommen werden soll (in der Regel aus dem Vorrat: „Vorratsschuld“).

273. *Nennen Sie ein Beispiel für eine beschränkte Gattungsschuld.*

Die Lieferung von **100 KG Kartoffeln** aus dem Vorrat der **letzten Ernte**.

274. *Was ist das Gegenstück zur Gattungsschuld ?*

Die Stückschuld.

275. *Wie unterscheidet sich ein **Gattungskauf** von einem **Stückkauf** ?*

Bei einem Stückkauf kauft man ein konkretes, genau bezeichnetes Einzelstück, z. B. einen bestimmten, ausgesuchten Gebrauchtwagen.
Bei einem Gattungskauf ist die gekaufte Sache nur "der Gattung" nach bestimmt, z. B. der Kauf von 5 Zentnern Kartoffeln aus einem großen Haufen.

276. *Wer entscheidet darüber, ob eine Stückschuld oder eine Gattungsschuld* *vorliegt ?*

Ob im einzelnen Fall ein Gattungs- oder ein Stückkauf vorliegt, entscheidet sich lediglich nach der **Parteivereinbarung:**
Wenn jemand eine bestimmte Glühbirne zum Kauf an die Kasse bringt, die er vorher auf ihre Funktionstüchtigkeit überprüft hat, dann handelt es sich um einen Stückkauf.
Wenn er demgegenüber dem Verkäufer erklärt, er kaufe eine Glühbirne 100 Watt, die der Verkäufer dann aus dem Lager holt, so handelt es sich um einen Gattungskauf.

277. *In welcher Qualität müssen die Sachen einer Gattungsschuld haben ?*

Bei der Gattungsschuld muss der Schuldner nur Sachen „mittlerer Art und Güte" liefern (§ 243 Abs.1 BGB).

278. *Was bedeutet **Konkretisierung** der Gattungsschuld; wofür spielt die Konkretisierung eine Rolle ?*

Konkretisierung der Gattungsschuld bedeutet die Beschränkung der Leistungsverpflichtung zur Lieferung einer nur der Gattung nach bestimmten Sache auf ein einzelnes Stück aus der Gattung (§ 243 Abs.2 BGB).
Rechtlich wird die Gattungsschuld zu einer Stückschuld.

279. *Sind **Geldschulden** Gattungsschulden ?*

Geldschulden sind keine Gattungsschulden. Im Gegensatz zu den Gattungsschulden sind die Objekte der Leistungspflicht der Geldschulden keine Sachen sondern die Verpflichtungen Vermögenswerte zu übermitteln.

280. *Es gibt zwei Formen des **Verschuldens**, welche ?*

Vorsatz und Fahrlässigkeit (§ 276 BGB).

281. *Was versteht man unter den Begriffen "**Vorsatz**" und "**Fahrlässigkeit**" ?*

Vorsatz bedeutet: Das Handeln geschieht bewusst und gewollt.
Fahrlässig handelt, wer die im Verkehr erforderliche Sorgfalt außer Acht lässt (§ 276 BGB).

282. *Was versteht man unter **grober** Fahrlässigkeit ?*

Der Begriff der groben Fahrlässigkeit wird im Gesetz genannt, jedoch nicht definiert.
Eine grobe Fahrlässigkeit liegt vor, wenn die im Verkehr erforderliche Sorgfalt in besonders hohem Maße außer Acht gelassen wird.

283. *Was versteht man unter „**zu vertreten haben**" ?*

Das „Vertretenmüssen" erfordert die genauere Festlegung, welches Risiko im

Einzelfall zu tragen ist. Das können neben Vorsatz und Fahrlässigkeit auch Zufall oder höhere Gewalt sein.

284. *Welches Risiko hat ein Schuldner im Normalfall „zu vertreten“ ?*

Der Schuldner hat Vorsatz und Fahrlässigkeit „zu vertreten“, wenn eine strengere oder mildere Haftung weder bestimmt noch aus dem sonstigen Inhalt des Schuldverhältnisses, insbesondere aus der Übernahme einer **Garantie** oder eines **Beschaffungsrisikos**, zu entnehmen ist (§ 276 Abs.1 BGB).

Das Risiko für Zufall oder höhere Gewalt trägt der Schuldner im Normalfall nicht.

285. *Was versteht man unter „**Zufall**“ ?*

Unter „Zufall“ versteht man schädigende Ereignisse, die keine Partei verschuldet hat.

286. *Was versteht man unter „**höherer Gewalt**“ ?*

Höhere Gewalt ist ein von außen kommendes Ereignis, das nicht voraussehbar ist und das auch nicht durch äußerste, vernünftigerweise zu erwartende Sorgfalt abgewendet werden kann (beispielsweise: die Zerstörung einer Sache infolge Blitzeinschlages).

§ 15. Allgemeine Geschäftsbedingungen Fragen 197 – 212

287. *Welche gesetzliche Regelung gilt für Allgemeine Geschäftsbedingungen ?*

Die gesetzlichen Regelungen für Allgemeine Geschäftsbedingung finden sich in den **§§ 305** ff. BGB.

288. *Wie definiert das Gesetz: **Allgemeine Geschäftsbedingungen** ?*

Allgemeine Geschäftsbedingungen sind vorformulierte Vertragsbedingungen für eine Vielzahl von Verträgen, die eine Vertragspartei (=Anwender) der anderen Vertragspartei beim Abschluss eines Vertrags stellt (§ 305 Abs.1 BGB).

289. *Was versteht man unter einer "**Individualabrede**" ?*

"Allgemeine Geschäftsbedingungen liegen nicht vor, soweit die Vertragsbedingungen zwischen den Vertragsparteien im Einzelnen ausgehandelt sind" (§ 305 Abs.1 Satz 3 BGB).

290. *Aus welchen Gründen werden „Allgemeine Geschäftsbedingungen“ geschaffen ?*

1. Zur Rationalisierung der Geschäftsvorfälle;
2. zur Begrenzung des eigenen Risikos.

291. *Gilt das AGB-Gesetz auch für den kaufmännischen Bereich ?*

Die Anwendbarkeit für Unternehmer ist eingeschränkt (§ 310 BGB).
Werden AGB gegenüber Kaufleuten bei Geschäften im Rahmen ihres Handelsgewerbes oder gegenüber der öffentlichen Hand verwendet, sind Einschränkungen zu beachten:
- Das Erfordernis der ausdrücklichen Bezugnahme nach § 305 BGB entfällt.
- Die enumerativen Klauselverbote der §§ 308 und 309 BGB kommen nicht zur Anwendung.
- Die Generalklausel nach § 307 BGB greift jedoch ein.

292. *Wie werden Allgemeine Geschäftsbedingungen zum **Bestandteil** eines Vertrags ?*

Die bloße Existenz von AGB **ist nicht ausreichend.**
Die Anwendbarkeit der AGB setzt deren jeweilige ausdrückliche Einbeziehung in den Individualvertrag voraus (§ 305 Abs.2 BGB).

Hierzu ist erforderlich, dass der Verwender bei Vertragsschluss:
1. die andere Vertragspartei **ausdrücklich** auf sie **hinweist**.
   Nur wenn der ausdrückliche Hinweis nur unter unverhältnismäßigen Schwierigkeiten möglich ist, reicht ein deutlich sichtbarer Aushang am Orte des Vertragsschlusses.
2. Außerdem muss der Verwender der anderen Vertragspartei die Möglichkeit verschaffen, von ihrem Inhalt in **zumutbarer Weise Kenntnis** zu nehmen.
   Insbesondere müssen auch körperliche Behinderungen der anderen Vertragspartei angemessen berücksichtigt werden.
3. Die andere Vertragspartei muss mit ihrer Geltung **einverstanden** sein.

Nach § 305 Abs.3 BGB kann allerdings für bestimmte Geschäfte die Geltung von AGB schon im voraus vereinbart werden (beispielsweise im Rahmen ständiger Geschäftsbeziehungen zwischen Verwender und Kunde).

293. *Welche Rechtsfolge tritt ein, wenn sich AGB zweier Vertragspartner „**überkreuzen**" ?*

Die Lösung dieser Frage ist umstritten.
Nach herrschender Meinung kommt ein Vertrag unter der Einbeziehung der übereinstimmenden und unwidersprochenen Klauseln zustande. Soweit sich die Klauseln widersprechen gilt dispositives Recht.
Wenn jedoch eine Vertragspartei ausdrücklich auf der Wirksamkeit ihrer AGB bestanden hat, liegt ein offener Dissens vor (§ 154 BGB).

294. *Welche **Kontrollen** bestehen für Allgemeine Geschäftsbedingungen ?*

- Bestimmungen, die nach den Umständen, insbesondere nach dem äußeren Er scheinungsbild des Vertrages, so ungewöhnlich sind, dass der Vertragspartner nicht mit ihnen zu rechnen braucht, werden nicht Vertragsbestandteil (**Überra schungsklauseln** § **305 c** Abs.1 BGB).
- Bestimmungen, die den Vertragspartner des Verwenders entgegen den Geboten von Treu und Glauben unangemessen benachteiligen, sind unwirksam (§ **307** BGB).
- In § **309** BGB werden eine Reihe besonders typischer Klauseln benannt, die **stets unwirksam** sind (Klauselverbote **ohne Wertungsmöglichkeit**)..
- In § **308** BGB werden eine Reihe besonders typischer Klauseln benannt, die nach einer richterlichen **Wertung** als unwirksam behandelt werden können (Klauselverbote **mit Wertungsmöglichkeit**).

295. *Benennen Sie ein Beispiel für ein Klausurverbot* ***mit Wertungsmöglichkeit.***

Unwirksam sind Bestimmungen, durch die sich der Verwender unangemessen lange oder nicht hinreichend bestimmte Fristen für die Annahme oder Ablehnung eines Angebots oder die Erbringung einer Leistung vorbehält (§ 308 Nr. 1 BGB).

296. *Können Sie zwei besonders bekannte Fälle Allgemeiner Geschäftsbedingungen nennen, die stets unwirksam sind,* ***ohne*** *dass es einer besonderen* ***Wertung*** *bedarf ?*

a. Der Ausschluss der Gewährleistung (§ 309 Nr.8 b BGB).
b. Kurzfristige Preiserhöhungen für Waren oder Leistungen bei Lieferung innerhalb von vier Monaten nach Vertragsabschluss (§ 309 Nr. 1 BGB).

297. *Welchen Zweck hat die Inhaltskontrolle von AGB ?*

Die Inhaltskontrolle von AGB soll sicherstellen, dass der Vertragspartner des Verwenders nicht einseitig benachteiligt wird, wenn gegen Grundgedanken einer gesetzlichen Regelung durch die AGB abgewichen werden soll.

298. *Was ist, wenn bei der* ***Auslegung*** *von Allgemeinen Geschäftsbedingungen* ***Zweifel*** *entstehen ?*

Zweifel bei der Auslegung Allgemeiner Geschäftsbedingungen gehen zu Lasten des Verwenders („**Unklarheitenregel**" des § **305 c** Abs.2 BGB).

299. *Was bedeutet die* ***Unklarheitenregel*** *des § **305 c** Abs.2 BGB für die Praxis mit Allgemeinen Geschäftsbedingungen ?*

Bei der Unklarheitenregel handelt es sich um eine besondere Auslegungsregel für AGB. Sie legt fest, dass Zweifel über die Bedeutung von Formulierungen in AGB zu Lasten des Verwenders gehen.
Im Fall der Unklarheit gilt die für den Vertragspartner günstigere Auslegungsvariante.

300. *Was sind **Überraschungsklauseln** ?*

Überraschungsklauseln sind Vertragsbedingungen, die für den jeweiligen Vertragstyp so ungewöhnlich sind, dass ein Vertragspartner nicht mit ihnen zu rechnen braucht.

301. *Welche Rechtsfolge gilt für Überraschungsklauseln in AGB ?*

Überraschungsklauseln werden nicht Vertragsbestandteil (§ 305 c BGB).

302. *Welche Auswirkungen hat die **Unwirksamkeit einzelner Klauseln** in AGB ?*

Abweichend von der Regel des § 139 BGB bestimmt § 306 BGB, dass in diesem Fall der Vertrag im übrigen wirksam bleibt und anstelle der unwirksamen Klauseln das Gesetz anzuwenden ist.
Nur ausnahmsweise führt gem. § 306 Abs. 3 BGB die Nichtigkeit einzelner Klauseln zur Unwirksamkeit des gesamten Vertrags, wenn ohne die Klauseln auch bei Anwendung der dann eingreifenden gesetzlichen Bestimmungen das Festhalten am Vertrag für eine Partei eine unzumutbare Härte bedeuten würde.

303. *Eine AGB-Klausel verstößt gegen ein Klauselverbot **ohne** Wertungsmöglichkeit. Was ist die Rechtfolge für die AGB-Klausel selbst und für den übrigen Vertrag ?*

Die AGB-Klausel selbst ist unwirksam (§ 309 BGB).
Der Vertrag im Übrigen bleibt wirksam (§ 306 Abs.1 BGB). Soweit Vertragsbestimmungen unwirksam sind, richtet sich der Inhalt des Vertrages nach den gesetzlichen Vorschriften (§ 306 Abs.2 BGB).

304. *Was geschieht, wenn eine Klausel in AGB in Widerspruch mit Absprachen im Einzelvertrag steht ?*

Individuelle Abreden haben Vorrang vor Allgemeinen Geschäftsbedingungen (§ **305 b** BGB).

§ 16. Leistungsstörungen Fragen 215 – 241

I. Pflichtverletzung § 280
II. Unmöglichkeit § 275 BGB
III. Schuldnerverzug §§ 286 ff. BGB
IV. Gläubigerverzug § 293 BGB
V. culpa in contrahendo § 311 BGB
VI. Störung der Geschäftsgrundlage § 313 BGB

I. Pflichtverletzung § 280 BGB

305. *Welches ist die zentrale Norm für jegliche Leistungsstörungen ?*

Die **Pflichtverletzung** in **§ 280 BGB.**

306. *Welches sind die Tatbestandsvoraussetzungen für einen **Anspruch** nach **§ 280 BGB** ?*

1. Es besteht ein **Schuldverhältnis**.
2. Der Schuldner **verletzt eine Pflicht** aus dem Schuldverhältnis.
3. Der Schuldner hat die Pflichtverletzung **zu vertreten**.

307. *Welches sind die Rechtsfolgen einer Pflichtverletzung ?*

1. **Kleiner** Schadensersatz (§ 280 BGB)
2. **Großer** Schadensersatz (§ 281 BGB)
3. Aufwendungsersatz (§ 284 BGB)
4. Herausgabe des stellvertretenden commodum (§ 285 BGB)
5. Verzugsschaden (§ 286 ff. BGB)

308. *Gibt es für die Zentralnorm aller Pflichtverletzungen ein **Ausnahmeregelung** ?*

Ja. Für die **anfängliche Unmöglichkeit** ist eine **Sonderregelung** geschaffen worden: **§ 311 a Abs.2 BGB.**

309. *Was ist unter einer **Pflichtverletzung** zu verstehen ?*

Es handelt sich um eine Verletzung von **Hauptpflichten**, **Nebenpflichten** oder **Schutzpflichten** aus einem Schuldverhältnis (§ 241 BGB).

310. *In welche Bereiche kann man die Pflichtverletzungen einteilen ?*

Eine Pflichtverletzung kann in der Form vorliegen, dass die geschuldete Leistung
- nicht möglich ist (Unmöglichkeit),
- verspätet erbracht wird (Verzug)
  oder
- schlecht erbracht wird (sowohl positive Vertragsverletzung als auch culpa in contrahendo).

311. *Nennen Sie Beispiele für eine Pflichtverletzung gem. § 280 BGB durch Verschulden bei Vertragsschluss (= culpa in contrahendo).*

- Nichtbeachtung von Verkehrssicherungspflichten bei Vertragsanbahnungen (§§ 311 Abs.2, 241 Abs.2 BGB).
- Verletzung von Aufklärungspflichten (§§ 311 Abs.2, 241 Abs.2 BGB).

312. ***Darf man bei der Prüfung einer Leistungsstörung im Einzelfall sofort mit der Prüfung der zentralen Norm** des **§ 280 BGB** **beginnen ?***

Nein.
Zunächst muss man die Rechtsvorschriften für die **einzelnen Vertragstypen** überprüfen, ob dort **spezielle Regelungen** für eine Leistungsstörung bestehen, also beispielsweise beim Kaufvertrag (§§ 433 ff. BGB, Dienstvertrag (§§ 611 ff. BGB), Werkvertrag (§§ 631 ff. BGB) u.s.w.
Diese speziellen Regelungen bei den einzelnen Vertragstypen gehen vor.
Die speziellen Regelungen der einzelnen Vertragstypen verweisen jedoch vielfach auf die Zentralnorm des § 280 BGB.

II. Unmöglichkeit § 275 BGB

313. *Welche Arten der Unmöglichkeit gibt es und wo ist eine zugehörige Leistungsstörung geregelt ?*

1. Anfängliche objektive Unmöglichkeit (§§ 275 Abs.1, 311 a Abs.2 BGB)
2. Anfängliche subjektive Unmöglichkeit (§§ 275 Abs.1, 311 a Abs.2 BGB)
3. Nachträgliche objektive Unmöglichkeit (§§ 275 Abs.1, 280 BGB)
4. Nachträgliche subjektive Unmöglichkeit (§§ 275 Abs.1, 280 BGB)

314. *Was versteht man unter **objektiver Unmöglichkeit** ?*

Eine objektive Unmöglichkeit liegt vor, wenn weder der Schuldner noch irgendein Dritter die geschuldete Leistung erbringen kann. Es handelt sich um eine endgültige Unerbringlichkeit der Leistung für jedermann.

315. *Was versteht man unter einem **Fixgeschäft** ?*

Ein Geschäft, bei dem die genaue Einhaltung der bestimmten Zeit oder Frist vereinbart wird. Dabei sind absolute Fixgeschäfte und einfache Fixgeschäfte zu unterscheiden.
Bei einem **absoluten Fixgeschäft** begründet die Nichteinhaltung der Leistungszeit eine dauernde Unmöglichkeit. Die Leistung ist nicht nachholbar (z.B.verspätetes Taxi für einen bestimmten Flug, wenn der Transport zu dem betimmten Flug vereinbart war).
Bei einem **einfachen Fixgeschäft** tritt **keine** Unmöglichkeit ein. Der Gläubiger ist berechtigt, vom Vertrage zurückzutreten (§ 323 Abs.2 Nr.2 BGB).

316. *Was versteht man unter einer **subjektiven Unmöglichkeit** ?*

Bei einer subjektiven Unmöglichkeit der Leistung kann lediglich der Schuldner diese Leistung nicht erbringen, ein Dritter könnte es.

317. *Wie unterscheiden sich die anfängliche und die nachträgliche Unmöglichkeit ?*

Bei einer anfänglichen Unmöglichkeit liegt das Leistungshindernis bereits bei Abschluss des Vertrages vor, während die Leistungsstörung bei einer nachträglichen Unmöglichkeit erst nach Abschluss des Vertrages eintritt (vgl. § 311 a Abs.1 BGB).

318. *Welche Rechtsfolgen treten für den Schuldner ein, wenn die vereinbarte Leistung bereits bei Begründung des Schuldverhältnisses unmöglich zu erbringen ist ?*

Der Schuldner wird von seiner Verpflichtung zur Leistung frei (§ 275 Abs.1 BGB).

319. *Nach § 275 Abs.1 BGB ist ein Anspruch auf Leistung ausgeschlossen, soweit diese für den Schuldner oder für jedermann unmöglich ist.*
Welche Fälle der Unmöglichkeit erfasst § 275 Abs.1 BGB ?

§ 275 BGB ist die zentrale Norm für sämtliche Fälle einer Unmöglichkeit, der objektiven wie der subjektiven, als auch der anfänglichen ebenso wie der nachträglichen.

320. *Erlischt das Schuldverhältnis im Falle der Unmöglichkeit nach § 275 Abs.1 BGB ?*

Nein, das ist nicht der Fall. Der Schuldner einer unmöglichen Leistung wird zwar von seiner Leistungspflicht frei, das Schuldverhältnis im übrigen bleibt jedoch bestehen. An die Stelle der unmöglich gewordenen Leistung können andere Pflichten treten, wie Schadensersatzpflichten.

321. *Wird der Schuldner einer unmöglich gewordenen Leistungspflicht auch frei, wenn er die Unmöglichkeit zu vertreten hat ?*

Ja, er wird auch frei. Denn eine unmöglich gewordene Leistung, weil dem Schuldner nicht auferlegt werden soll, eine unmögliche Leistung zu erbringen (impossibilium nulla est obligatio). Eine Schadensersatzpflicht kann jedoch nach den §§ 280Abs.1 und 3, 283; 311 a BGB entstehen.

322. *Welche Auswirkungen hat das Freiwerdens eines Schuldners wegen Unmöglichkeit nach § 275 Abs.1 BGB in gegenseitigen Verträgen auf die Gegen leistungspflicht ?*

Grundsätzlich wird auch der Gläubiger der unmöglich gewordenen Leistung von seiner eigenen Leistungspflicht frei (§ 326 BGB).

323. *Was versteht man unter* ***Preisgefahr*** *?*

Preisgefahr ist das Risiko, die wirtschaftlichen Folgen des Unmöglichwerdens der Leistung tragen zu müssen.
Der Gläubiger trägt die Preisgefahr, wenn er zur Gegenleistung verpflichtet bleibt, obgleich er die hierfür geschuldete Leistung nicht erhält.

324. *Man spricht im Zusammenhang mit der Unmöglichkeit in gegenseitigen Ver-*

trägen von der Leistungsgefahr und von der Preisgefahr. Was ist darunter zu verstehen ?

Nach § 275 Abs.1 BGB wird der Schuldner im Falle der Unmöglichkeit von seiner Leistung frei – demgemäß trägt der Gläubiger die **Leistungsgefahr.**
Im Fall der Unmöglichkeit einer Leistung für den Schuldner verliert er den Anspruch auf die Gegenleistung nach § 326 Abs.1 BGB – demgemäß trägt er die **Preisgefahr.**

325. *Was versteht man unter **faktischer (praktischer)** Unmöglichkeit ?*

Unter faktischen Unmöglichkeit versteht man Fälle, in denen die Behebung des Leistungshindernisses zwar tatsächlich möglich, aber mit ganz erheblichen Aufwendungen verbunden ist, die kein vernünftiger Gläubiger ernsthaft erwarten kann (Schulfall: Ring auf dem Meeresboden heben).

326. *Was versteht man unter **wirtschaftlicher** Unmöglichkeit ?*

Unter einer wirtschaftlichen Unmöglichkeit wird eine bloße Leistungserschwerung verstanden, die rechtlich nicht als Fall einer faktischen Unmöglichkeit sondern nach den Grundsätzen des Wegfalls der Geschäftsgrundlage behandelt werden soll. Das sind Fälle, bei denen die Leistung zwar an und für sich möglich ist, ihr aber solche wirtschaftliche Schwierigkeiten entgegenstehen, dass dem Schuldner die Leistung wegen Überschreitung der Opfergrenze nicht zugemutet werden kann.

327. *Wie grenzt man eine wirtschaftliche von einer faktischen Unmöglichkeit ab ?*

Die Übergänge sind fließend. Die Abgrenzung ist umstritten.
Die schwierige Grenzziehung zwischen einem "unverhältnismäßigen Aufwand" im Sinne des § 275 Abs.2 BGB und "bloßen Leistungserschwernis" für den Schuldner im Sinne des § 313 BGB soll nach dem Willen des Gesetzgebers "nach dem Interesse des Gläubigers an der Leistung" gezogen werden (BT-Drucks.14/6040, S.130).

328. *Welche Voraussetzungen müssen für einen Schadensersatzanspruch des Gläu bigers wegen **anfänglicher Unmöglichkeit** nach **§ 311 a Abs.2 BGB** gegeben sein ?*

1. Es liegt ein **wirksamer Vertrag** vor (§ 311 a Abs.1 BGB).
2. Bei Vertragsschluss besteht ein **Leistungshindernis** (§ 311 a Abs.1 BGB).
3. Die Leistungspflicht ist **ausgeschlossen** (§ 275 Abs.1 – 3 BGB).
4. der Schuldner hat seine Unkenntnis vom Bestehen des Leistungshindernisses **nicht zu vertreten** (§ 311 a Abs.2 S. 2 BGB).

329. *Kann sich ein zahlungsunfähiger Zahlungsschuldner auf Unmöglichkeit der Leistung berufen ?*

Nein. Die Begründung ist umstritten.
Nach einer Ansicht handelt es sich bei Geldschulden um eine besondere Art einer Gattungsschuld. Dann vertritt man die Ansicht: Die Gattung Geld gibt es immer. Der Schuldner muss sich Geld besorgen.
Nach anderer Ansicht handelt es sich bei einer Geldschuld überhaupt nicht um eine Gattungsschuld mit der Verpflichtung zur Lieferung von „Sachen“ aus einer Gattung. Geschuldet wird der Wert des Geldes. Der Wert des Geldes wird nicht „unmöglich“.

III. Schuldnerverzug §§ 286 ff. BGB

330. *Wie unterscheiden sich **Unmöglichkeit** und **Verzug** ?*

Bei einer Unmöglichkeit der Leistung kann die Leistung überhaupt nicht mehr erbracht werden. Es besteht ein dauerndes Leistungshindernis. Die Anwendbarkeit der Verzugsregelungen ist ausgeschlossen.
Bei einem Verzug ist die Leistung noch möglich. Maßgeblich ist daher die **Nachholbarkeit der Leistung.**

331. *Das BGB verwendet die Ausdrücke **Verzug** und **Verzögerung.***
Wie unterscheiden sich diese beiden Begriffe ?

Die **„Verzögerung“** der Leistung betrifft dem normalen Sprachgebrauch entsprechend jegliche Verspätungen, unabhängig davon, ob diese auf einer Unmöglichkeit, auf einer Nachlässigkeit oder auf einem Verzug im rechtlichen Sinne der §§ 286 ff. BGB beruhen.

Der Begriff „**Verzug**“ betrifft **ausschließlich** die Situation des **§ 286 BGB**:
- die Leistung ist **möglich und nachholbar**,
- die Leistung ist **fällig**,
- der Schuldner **leistet** auf eine Mahnung - oder bei Entbehrlichkeit der Mahnung nach § 286 Abs.2 BGB - **nicht**,
- die Leistung unterbleibt infolge eines Umstandes, den der Schuldner **zu ver treten** hat.

Der allgemeine Begriff der Verzögerung umfasst den engeren Begriff des Verzugs.

332. *Welches sind die 7 Voraussetzungen für den **Schuldnerverzug** ?*

1. Das Bestehen einer **Verpflichtung** zur **Leistung**;
2. **Kein** Fall der **Unmöglichkeit**;
3. **Fälligkeit;**
4. es bestehen **keine Einreden;**
5. **Mahnung** <u>oder</u> **Termin** oder **Entbehrlichkeit der Mahnung** (§ 286 Abs.2

BGB);
6. **30 Tage-Regelung ohne Mahnung** (§ 286 Abs.3 BGB);
7. **„zu vertreten haben“** (§ 287 BGB).

333. *Was bedeutet: Für die Leistung ist „**eine Zeit nach dem Kalender bestimmt**“ ?*

Dazu ist erforderlich, dass für die Erbringung der Leistung unmittelbar oder mittelbar ein bestimmter Kalendertag festgelegt ist.

334. *Was ist unter der Fälligkeit eines Anspruchs zu verstehen ?*

Fälligkeit bedeutet, dass der Gläubiger die Leistung gem. § 271 BGB zu fordern berechtigt ist.

335. *Welche Voraussetzungen sind für eine rechtwirksame Mahnung erforderlich ?*

Die Mahnung muss eine eindeutige und bestimmte Aufforderung an den Schuldner enthalten, die geschuldete Leistung zu erbringen. Der Gläubiger muss klar zum Ausdruck bringen, dass er die geschuldete Leistung verlangt. Eine Fristsetzung ist nicht erforderlich.

336. *Ist die Mahnung eine Willenserklärung ?*

Nein, die Mahnung ist keine Willenserklärung. Sie ist eine formfreie, empfangsbedürftige **geschäftsähnliche** Handlung, auf die die Vorschriften über Rechtsgeschäfte und Willenserklärungen entsprechend anwendbar sind.

337. *Welche Rechtsnatur hat eine Rechnung ?*

Eine Rechnung ist eine Zahlungsaufforderung, sie entspricht der Mahnung.

338. *Welche Bedeutung kann die Versäumung eines vereinbarten Leistungstermins haben ?*

Normalerweise führt die Versäumung des Leistungstermins zum **Verzug**. Das Versäumnis kann jedoch auch eine **Unmöglichkeit** zur Folge haben (beispielsweise bei einem absoluten Fixgeschäft).

339. *Was sind die Rechtsfolgen des Schuldnerverzugs ?*

- **kleiner** Schadensersatz (Ersatz des Verzugsschadens (§ 286 BGB)),
- insbesondere Verzugszinsen (§ 288 BGB);
- **großer** Schadensersatz (Schadensersatz statt der Leistung (§ 280 Abs.3 BGB));
- Haftungsverschärfung für durch **Zufall** eintretende Unmöglichkeit (§ 287 BGB).

340. *Bleibt ein vertraglicher Erfüllungsanspruch neben dem Anspruch aus §§ 280 Abs.1, 286 Abs.2 BGB bestehen ?*

Der Anspruch bleibt auch im Falle eines Verzugs bestehen. Der Schuldner ist zusätzlich zum Ersatz des Verzugsschadens verpflichtet.

341. *Erhöht sich das Haftungsrisiko für den Schuldner während des Verzugs ?*

Ja, das Haftungsrisiko erhöht sich. Der Schuldner hat während des Verzugs jede Fahrlässigkeit zu vertreten und haftet darüber hinaus "wegen der Leistung" auch für Zufall gem. § 287 Satz 2 BGB. Diese verschuldensunabhängige Haftung greift für im Hinblick auf die Formulierung "wegen der Leistung" beschränkt auf die eigentlichen Leistungspflichten ein.

IV. Gläubigerverzug § 293 BGB

342. *Was sind die Voraussetzungen des **Gläubigerverzugs** ?*

Der Gläubiger kommt in Verzug, wenn er die ihm angebotene Leistung nicht annimmt (§ 293 BGB).

343. *Wann hat der Schuldner seine Leistung so, wie sie zu bewirken ist, tatsächlich gem. § 294 BGB angeboten ?*

Der Schuldner hat seine Leistung ordnungsgemäß angeboten, wenn dies in der richtigen Art und Weise, am richtigen Ort und zur richtigen Zeit geschehen ist.

344. *Wird der Schuldner durch den **Gläubigerverzug** von der Leistungspflicht befreit ?*

Nein.
Der Gläubigerverzug befreit den Schuldner grundsätzlich nicht von seiner Leistungspflicht.
(**Ausnahme:** § 615 BGB, der Dienstleistungsverpflichtete ist nicht zur Nachleistung der infolge Annahmeverzugs des Arbeitgebers ausgefallenen Dienste verpflichtet).

345. *Welches sind die Rechtsfolgen des Annahmeverzugs des Gläubigers ?*

1. Bei Annahmeverzug des Gläubigers geht die Preisgefahr auf den Gläubiger über (§ 324 Abs. 2 BGB).
2. Die Haftung des Schuldners wird auf Vorsatz und grobe Fahrlässigkeit be grenzt (§ 300 BGB).
3. Der Gläubiger hat dem Schuldner die Mehraufwendungen zu erstatten, die dieser für das erfolglose Angebot machen musste (§ 304 BGB).

V. culpa in contrahendo § 311 BGB

346. *Welches sind die Voraussetzungen für einen Schadensersatzanspruch wegen*

Verletzung vorvertraglicher Sorgfaltspflichten ***(culpa in contrahendo)*** *?*

Ein Schadensersatzanspruch wegen culpa in contrahendo setzt voraus:
1. ein vorvertragliches Schuldverhältnis gem. § 311 Abs.2 bzw. Abs.3 BGB mit den Pflichten gem. § 241 Abs.2 BGB
2. eine Pflichtverletzung gem. § 280 BGB
3. Vertretenmüssen (§ 280 Abs.1 Satz 2 BGB).

347. *Welches sind die Voraussetzungen für das Zustandekommen eines vorvertraglichen Schuldverhältnisses als Grundlage für die Haftung wegen culpa in contrahendo ?*

Ein derartiges vorvertragliches Schuldverhältnis hat als Voraussetzung:
- die Aufnahme von Vertragsverhandlungen oder
- die Anbahnung eines Vertrages, bei dem der eine Teil im Hinblick auf eine etwaige rechtsgeschäftliche Beziehung dem anderen Teil die Möglichkeit zur Einwirkung auf seine Rechte, Rechtsgüter und Interessen gewährt oder diese ihm anvertraut
  oder
- ähnliche Kontakte (§ 311 Abs.2 BGB).

348. *Jemand betritt ein großes Kaufhaus, um sich vor dem Regen zu schützen und rutscht auf einer Bananenschale aus. Besteht in einem derartigen Fall ein vor vertragliches Schuldverhältnis ?*

Ein vorvertragliches Schuldverhältnis erfordert, dass ein Vertragsabschluss oder ein geschäftlicher Kontakt angestrebt wurde. Das bloße Unterstellen im Regen in einem Kaufhaus ist nicht ausreichend.

349. *Das Betreten eines Kaufhauses und das Ausrutschen auf einer Bananenschale kann jedoch auch zu einer Haftung des Kaufhauses nach § 823 BGB wegen der Verletzung einer Verkehrssicherungspflicht führen.*
Inwiefern wäre für den Geschädigten die Haftung aus Verschulden bei Vertragsschluss günstiger ?

Ein wichtiger Unterschied besteht darin, dass sich der Kaufhausinhaber bei der Haftung aus unerlaubter Handlung für das Verschulden seiner Mitarbeiter als Verrichtungsgehilfen exkulpieren kann, wenn er sie ordnungsgemäß ausgewählt hat (§ 831 BGB).
Bei der Haftung aus culpa in contrahendo besteht eine derartige Exkulpationsmöglichkeit für seine Mitarbeiter als Erfüllungsgehilfen für deren Verschulden nicht (§ 278 BGB). Er haftet für sie, wie für eigenes Verschulden.

VI. Störung der Geschäftsgrundlage § 313 BGB

350. *Was versteht man unter einer **Störung der Geschäftsgrundlage** (§ 313 BGB) ?*

Eine Störung der Geschäftsgrundlage liegt vor,
- wenn sich die **Umstände**, die zur Grundlage des Vertrags geworden sind, nach Vertragsschluss **schwerwiegend verändert** haben und die Parteien den Vertrag nicht
- oder mit anderem Inhalt geschlossen hätten, wenn sie diese Veränderung vo rausgesehen hätten,
- oder wenn sich **wesentliche Vorstellungen** der Parteien, die zur Grundlage des Vertrages geworden sind, **als falsch** herausstellen (§ 313 BGB).

351. *Was sind typische Anwendungsfälle einer Störung der Geschäftsgrund lage ?*

Typische Anwendungsfälle sind ein gemeinschaftliche Irrtümer der Parteien und Äquivalenzstörungen (gemeinsamer Irrtum über eine Eigenschaft einer Sache, umstr.).

352. *Welches ist die Rechtsfolge bei einer **Störung der Geschäftsgrundlage** ?*

Eine Partei kann eine **Anpassung des Vertrages** verlangen, soweit ihr das Festhalten am Vertrag nicht zugemutet werden kann (§ 313 Abs.1 Satz 2 BGB).

353. *Was versteht man unter einer **Äquivalenzstörung** ?*

Schwerwiegende Störungen des Äquivalenzverhältnisses aufgrund unvorhergesehener Ereignisse sind Äquivalenzstörungen, die die Geschäftsgrundlage eines gegenseitigen Vertrages betreffen, bei dem der Gedanke der Gleichwertigkeit von Leistung und Gegenleistung zur Geschäftsgrundlage gehört (schwerwiegende Geldentwertung von 60 %).

§ 17. Schadensersatz und Zurechnung Fragen 243 – 260

354. *Was ist ein **Schaden** im Rechtssinne ?*

Schaden ist jede Einbuße an Lebens- und Wirtschaftsgütern, wie beispielsweise Vermögen, Eigentum, Gesundheit, Ehre.
Der Schadensbegriff erfasst sowohl Vermögensschäden als auch Nichtvermögensschäden (§ 253 BGB).

Drückt sich diese Einbuße als Verminderung des Vermögens aus, spricht man vom **Vermögensschaden.** Einbußen, die sich nicht als Vermögensschaden beziffern lassen, werden **immaterielle Schäden** genannt (z.B. emotionales Verhältnis zum Ehering).

355. *Welches ist die grundsätzlich vom Gesetz vorgesehene Form des Schadensersatzes ?*

Die Naturalrestitution gem. § 249 Abs.1 BGB (Wiederherstellung in Natur).

356. *Was bedeutet **Naturalrestitution** ?*

Der Schädiger hat den Zustand herzustellen, der bestehen **würde**, wenn der zum Ersatz verpflichtende Umstand nicht eingetreten wäre (§ 249 BGB).

357. *Kann der Geschädigte auch Schadensersatz in Geld verlangen ?*

Bei Personenverletzung oder bei Sachschäden kann der Geschädigte statt einer Naturalrestitution den dazu erforderlichen Geldbetrag verlangen (§ 249 Abs.2 BGB).
Ist die Wiederherstellung unmöglich, als Ausgleich unzureichend oder nur mit unverhältnismäßigem Aufwand durchführbar, ist Wertersatz in Geld zu leisten (§ 251 BGB).
Der Gläubiger kann Wertersatz auch dann fordern, wenn der Schuldner mit der Wiederherstellung in Verzug ist und eine vom Gläubiger gesetzte Nachfrist versäumt hat (§ 250 BGB).

358. *Was versteht man unter **immateriellen Schäden** und wie ist die Ersatzpflicht derartiger Schäden ?*

Immaterielle Schäden sind Nichtvermögensschäden, beispielsweise Schmerzen (§ 253 Abs.1 BGB).
Bei immateriellen Schäden kann eine Entschädigung in Geld nur in den vom Gesetz besonders genannten Fällen verlangt werden, wie beispielsweise Schmerzensgeld u.s.w. gem. § 253 Abs.2 BGB oder nutzlos aufgewendete Urlaubszeit gem. § 651 f Abs.2 BGB.

359. *Wie wird der Umfang eines Schadens nach der sog. **Differenzmethode** berechnet ?*

Konkret wird der Vermögensschaden nach der Differenzmethode dadurch festgestellt, dass der Zustand des Vermögens des Betroffenen nach dem Schadensereignis mit dem Bestand verglichen wird, den es ohne dieses Schadensereignis gehabt hätte.
Als Schäden gelten auch der Ausfall von Nutzungen, zwecklos gewordene Aufwendungen und der entgangene Gewinn (§ 252 BGB).

360. *Was versteht man unter **kleinem** Schadensersatz ?*

Schäden können grundsätzlich auf zwei Arten berechnet werden:
Der Geschädigte kann eine mangelhafte Sache **behalten** und verlangt, so gestellt zu werden, als ob gehörig erfüllt worden wäre.
In diesem Fall spricht man von:

Schadensersatz **neben der Leistung** kleiner Schadensersatz.

361. *Was versteht man unter **Schadensersatz statt der Leistung** (**großer** Schadensersatz) ?*

Schäden können grundsätzlich auf zwei Arten berechnet werden:
Der Geschädigte gibt die **Sache zurück** und verlangt **Schadensersatz statt der ganzen Leistung.**
In diesem Fall spricht man von: Schadensersatz **statt der Leistung** **großer** Schadensersatz.
Der Schadensersatz statt der Leistung tritt der Anspruch an die Stelle des Erfüllungsanspruchs. Es handelt sich um einen Sonderfall des positiven Interesses.

362. *Was versteht man unter dem **Vertrauensschaden** (= negatives Interesse) ?*

Bei Erstattung des Vertrauensschadens ist der Geschädigte so zu stellen, wie er stehen würde, wenn er nicht auf die Gültigkeit des Geschäfts vertraut hätte. Er wird so gestellt, als hätte er das Geschäft nie getätigt (also bekommt der Geschädigte beispielsweise einen etwaigen Gewinn aus dem Geschäft nicht erstattet).

363. *Was versteht man unter dem **Erfüllungsinteresse** (= positives Interesse) ?*

Bei der Erstattung des Erfüllungsinteresses hat der Schädiger den Geschädigten so zu stellen, wie dieser stehen würde, wenn das Geschäft voll erfüllt worden wäre (also beispielsweise inklusive eines Gewinns des Geschädigten).

364. *Können Sie einen Fall nennen, bei dem lediglich der **Vertrauensschaden** (das sog. „negative Interesse") ersetzt wird ?*

Im Falle des Schadensersatzes nach § 122 BGB.

365. *Was versteht man unter dem Anspruch auf den Ersatzvorteil (**stellvertretendes commodum**) ?*

Hierunter versteht man den Anspruch auf Herausgabe der Vermögensgewinne, die der Schuldner gerade infolge der Umstände erzielt hat, die zum Unmöglichwerden der Leistung geführt haben, beispielsweise den Schadensersatz durch eine Versicherungsgesellschaft (§ 281 BGB).

366. *Wie unterscheidet man die Begriffe **mittelbarer Schaden** und **mittelbar Ge schädigter** ?*

Ein mittelbarer Schaden liegt vor, wenn sich beim unmittelbar Betroffenen als Folge eines Schadensereignisses noch weitere Vermögenseinbußen einstellen. Mittelbar Geschädigter ist jemand, der zwar nicht selbst Partner des Rechtsverhältnisses ist, bei dem eine zu Schadensersatz verpflichtende Leistungsstörung eingetreten ist, oder der nicht Inhaber des durch die unerlaubte Handlung beschädigten Rechtsgutes ist, der aber als weitere Folge dieser Rechtsverletzung auch an seinem eigenen Vermögen Einbußen erlitten hat.

367. *Muss der Vertrauensschaden ersetzt werden, wenn er größer ist als das Erfüllungsinteresse ?*

Das negative Interesse wird begrenzt durch das positive Interesse (§ 122 Abs.1 BGB).
Das bedeutet, dass als Vertrauensschaden niemals mehr ersetzt werden muss, als wenn der Vertrag einschließlich eines eventuellen Gewinns voll erfüllt worden wäre.

368. *Ist beim Schadensersatz auch der **entgangene Gewinn** zu berücksichtigen ?*

Der zu ersetzende Schaden umfasst auch den entgangenen Gewinn (§ 252 BGB).

369. *Was versteht man unter der **Schadensminderungspflicht** ?*

Unter der Schadensminderungspflicht versteht man die Pflicht eines jeden Gläubigers, den eingetretenen Schaden so gering wie möglich zu halten. Andernfalls trifft ihn ein Mitverschulden an der Höhe des eingetretenen Schadens, den er dann anteilig mittragen muss (§ 254 Abs.2 S.1 BGB).

370. *Was bedeutet **Vorteilsausgleichung** ?*

Unter Vorteilsausgleichung ist die Anrechnung von Vorteilen auf den Schadensersatzanspruch zu verstehen, die dem Betroffenen als unmittelbare Folge des schadenstiftenden Ereignisses zugewachsen sind. Hierzu zählen beispielsweise Wertverbesserungen als Folge der Reparatur des Schadens, wenn hierdurch die wiederhergestellte Sache in einen Zustand versetzt worden ist, der sie wertvoller macht als vor der Beschädigung (Abzug "**neu für alt**").

371. *Wie prüft man den **Ursachenzusammenhang** für die Zurechnung des Schadens ?*

Es sind **zwei Kausalketten** zu prüfen:
Zunächst ist der Zusammenhang zwischen einem bestimmten Verhalten dieser Person und dem als Vertragspflichtverletzung bzw. als Verwirklichung des Tatbestandes einer unerlaubten Handlung zu bewertenden Ereignisses festzustellen (**haftungsbegründende Kausalität**).
Sodann muss der Ursachenzusammenhang zwischen diesem Ereignis und den jeweiligen Einbußen an Lebens- und Vermögensgütern festgestellt werden (**haftungsausfüllende Kausalität**).

372. *Kann auch **Nichtstun** die Ursache für einen eingetretenen Schaden sein ?*

Ja.

Unterlassen kann ursächlich sein, wenn der konkret eingetretene Schaden durch ein bestimmtes Handeln hätte verhindert werden können.
Eine Zurechnung des Schadens erfolgt, wenn derjenige, der durch sein Handeln das Ereignis hätte verhindern können, dem Betroffenen gegenüber zum Handeln verpflichtet gewesen war (Garantenpflicht).

373. *Hat das Handeln des Betroffenen Auswirkung auf den Umfang des Schadensersatzanspruchs ?*

Ja.
Hat der Geschädigte bei der Entstehung des Schadens mitgewirkt, so hängt die Verpflichtung zum Ersatz sowie der Umfang des zu leistenden Ersatzes von den Umständen, insbesondere davon ab, inwieweit der Schaden vorwiegend von dem einen oder dem anderen Teil verursacht worden ist **(mitwirkendes Verschulden,** § 254 Abs.1 BGB).

§ 18. Gläubiger- und Schuldnerwechsel, Mehrheit von Gläubigern und Schuldnern Fragen 374 - 400

I.	Forderungsabtretung § 398 BGB	Fragen 374 - 390
II.	Gesamtschuldner § 426 BGB	Fragen 391 - 393
III.	Schuldübernahme und Schuldbeitritt §§ 414 ff. BGB	Fragen 394 - 400

I. Forderungsabtretung § 398 BGB

374. *Was ist unter einem Forderungsabtretungsvertrag zu verstehen ?*

Mit einem Forderungsabtretungsvertrag gem. § 398 BGB tritt ein Gläubiger (Zedent) eine Forderung unmittelbar an einen neuen Gläubiger (Zessionar) ab.
Es handelt sich bei dieser Forderungsabtretung nicht um ein Verpflichtungsgeschäft, sondern um eine unmittelbare, direkte Übertragung der Forderung (Verfügungsgeschäft).

375. *Welche rechtlichen Folgen hat eine Forderungsabtretung gem. § 398 BGB ?*

Mit der Forderungsabtretung tritt ein Wechsel in der Gläubigerstellung ein.
Nach § 401 BGB gehen mit der Forderung alle bestehenden Nebenrechte und Vorzugsrechte mit über.

376. *Muss der Schuldner bei einer **Forderungsabtretung** mitwirken ?*

Nein.
§ 398 BGB regelt die Abtretung einer Forderung als Vertrag zwischen dem bisherigen Gläubiger (= Zedent) und dem Erwerber der Forderung (= Zessionar).
Eine Mitwirkung des Schuldners ist keine Voraussetzung für die Wirksamkeit des Abtretungsgeschäfts.

377. *Bedeutet dies nicht eine Verschlechterung der Position des Schuldners ?*

Eine Verschlechterung der rechtlichen Position des Schuldners tritt nicht ein, weil er durch die §§ 404, 406, 407 BGB geschützt ist.
Allerdings kann der Wechsel des Gläubigers eine tatsächliche Benachteiligung des Schuldners darstellen, wenn der neue Gläubiger die Forderung aggressiv verfolgt oder wenn der neue Gläubiger dem Schuldner aus sonstigen Gründen nicht genehm ist.

378. *Kann sich ein Schuldner gegen eine Forderungsabtretung schützen ?*

Er kann mit dem Gläubiger Abtretungsverbot vereinbaren (§ 399 BGB).

379. *Was versteht man unter einem **gesetzlichen Forderungsübergang** ?*

Bei einem gesetzlichen Forderungsübergang geht eine Forderung kraft Gesetzes auf einen neuen Gläubiger über („cessio legis"): auf den gesetzlichen Forderungsübergang sind die Vorschriften über die vertragliche Forderungsabtretung entsprechend anzuwenden (§ 412 BGB).

380. *Kennen Sie Fälle eines gesetzlichen Forderungsübergangs (cessio legis) ?*

Ein gesetzlicher Forderungsübergang findet beispielsweise zugunsten eines zahlenden Bürgen (§ 774 BGB) oder eines zahlenden Gesamtschuldners (§ 426 Abs. 2 BGB) statt.

381. *Kann man **zukünftige Forderungen** abgetreten ?*

Die Abtretung zukünftiger Forderungen ist möglich, sofern sie hinreichend bestimmbar sind.
Entsteht die künftige Forderung überhaupt nicht, geht die Abtretung ins Leere.

382. *Welches sind die Rechtsfolgen, wenn eine Forderung ein zweites Mal abgetreten wird ?*

Die zweite Abtretung ist unwirksam.

383. *Kann eine nicht bestehende Forderung gutgläubig erworben werden ?*

Ein gutgläubiger Erwerb ist grundsätzlich ausgeschlossen. Eine Ausnahmeregelung findet sich in § 405 BGB.

384. *Was versteht man unter einer **Sicherungsabtretung** ?*

Die Sicherungsabtretung ist eine Abtretung von bestehenden und künftigen Zahlungsforderungen mit der Abrede für das Innenverhältnis, dass sie dem Kreditgeber Sicherheit für dessen Forderungen verschaffen soll (§ 398 BGB). Sie wird in der Regel als stille Zession vereinbart.

Der Kreditgeber wird voll Inhaber der abgetretenen Forderung, so dass sie dem Zugriff anderer Gläubiger des Sicherungsgebers und einem möglicherweise über dessen Vermögen eröffneten Insolvenzverfahren entzogen ist. Der Kreditgeber hat die Möglichkeit, die Forderung selbst einzuziehen, wenn der Kredit notleidend werden sollte.

385. *Warum wählt man in der Wirtschaftspraxis als Kreditsicherung die stille Zession und nicht die Forderungsverpfändung ?*

Die Verpfändung von Forderungen muss dem Drittschuldner angezeigt werden (§ 1280 BGB).
Dies ist der Bonität des Schuldners abträglich. Von der stillen Zession brauchen der Drittschuldner und weitere Dritte nichts zu erfahren.

386. *Welche Arten der **Sicherungszession** gibt es ?*

1. Einzelzession
2. Globalzession
3. Mantelzession

387. *Wodurch unterscheiden sich **Globalzession** und **Mantelzession** ?*

Bei einer **Globalzession** werden im Zessionsvertrag sämtliche gegenwärtigen und künftigen Forderungen auf den Kreditgeber übertragen werden.
Bei der **Mantelzession** wird zunächst in einem sog. Mantelvertrag vereinbart, dass der Kreditnehmer den Gesamtbestand der abgetretenen Forderungen ständig auf einer bestimmten Höhe hält.
Die eigentliche Abtretung, das Verfügungsgeschäft, wird laufend mit periodische Forderungszusammenstellungen vorgenommen.

388. *Was versteht man unter einer **Inkassozession** ?*

Bei einer Inkassozession erlangt der Gläubiger nach außen die volle Gläubigerstellung. Im Innenverhältnis wird vereinbart, dass er die Forderung lediglich einziehen und den Erlös an den Zedenten abführen soll.
Die Inkassozession ähnelt der Einziehungsermächtigung.

389. *Was versteht man unter einer **Einziehungsermächtigung** ?*

Bei einer Einziehungsermächtigung darf der Einziehungsermächtigte die fremde Forderung im eigenen Namen geltend machen. Die Forderung wird jedoch nicht abgetreten. Rechtlicher Inhaber bleibt der Gläubiger.
Die Zulässigkeit dieser rechtlichen Konstruktion wird aus § 185 BGB in Verbindung mit § 362 Abs.2 BGB hergeleitet (teilweise sieht man in der Konstruktion eine richterliche Rechtsfortbildung).

390. *Darf jedermann die Inkassozession geschäftsmäßig betreiben ?*

Die geschäftsmäßige Inkassozession bedarf einer Registrierung nach dem Rechtsdienstleistungsgesetz. Ansonsten ist die Forderungsabtretung nichtig (§ 134 BGB).

II. Gesamtschuldner § 426 BGB

391. *Haften mehrere Schuldner in der Regel als Teilschuldner oder als Gesamtschuldner ?*

Im Zweifel haften mehrere als Gesamtschuldner, wenn sich mehrere durch Vertrag gemeinschaftlich zu einer teilbaren Leistung verpflichten (§ 427).
Ebenfalls eine Gesamtschuld entsteht bei einer unerlaubten Handlung, wenn sie durch mehrere begangen worden ist (§§ 830, 840 BGB).

392. *Welchen Vorteil hat die Gesamtschuldnerschaft für den Gläubiger ?*

Der Gläubiger trägt kein Risiko, wenn einer der Gesamtschuldner insolvent wird.

393. *Wie erfolgt der Ausgleich unter Gesamtschuldnern untereinander ?*

Die Gesamtschuldner sind untereinander zur Ausgleichung verpflichtet (§ 426 Abs.1 BGB).
Soweit einer der Gesamtschuldner den Gläubiger befriedigt, geht die Forderung des Gläubigers gegen die übrigen Schuldner auf ihn über (§ 426 Abs.2 BGB).

III. Schuldübernahme und Schuldbeitritt §§ 414 ff. BGB

394. *Was versteht man unter einer befreienden Schuldübernahme ?*

Die befreiende Schuldübernahme im Sinne der §§ 414 ff. BGB führt zu meinem Schuldnerwechsel. Sie ist spiegelbildlich das Gegenstück zu einer Forderungsabtretung.
Das BGB kennt zwei Wege:
1. ein Vertrag zwischen dem Gläubiger und dem Übernehmer (§ 414 BGB) ohne Mitwirkung des alten Schuldners oder
2. ein Vertrag zwischen dem alten (übertragenden) Schuldner und dem neuen (übernehmenden) Schuldner unter Mittelung an den Gläubiger und dessen Genehmigung (§ 415 BGB).

395. *Welche Rechtsfolge tritt ein, wenn der Gläubiger die erforderliche Genehmigung nach § 415 BGB verweigert ?*

In diesem Fall bleibt der Schuldner weiterhin dem Gläubiger verpflichtet.

Der Übernehmer bleibt aufgrund der Übernahme dem Schuldner gegenüber verpflichtet, den Gläubiger zu befriedigen (§ 415 Abs.3 BGB).

396. *Was versteht man unter einem **Schuldbeitritt** ?*

Eine Schuld kann derart mit übernommen werden, dass der Übernehmende neben dem bisherigen Schuldner dem Gläubiger haftet und in das Schuldverhältnis eintritt.
Der Gläubiger erhält einen weiteren Schuldner.
Der Schuldbeitritt verschafft dem Gläubiger im Unterschied zu einer Bürgschaft einen weitergehend haftenden Gesamtschuldner.

397. *Welche Vorteile hat eine Gesamtschuld nach § 421 BGB für den Gläubiger ?*

Das Charakteristikum einer Gesamtschuld ist, dass dem Gläubiger nach seinem Belieben die Leistung von jedem der Gesamtschuldner ganz oder teilweise verlangen kann.
Damit stehen dem Gläubiger zwei Vermögensmassen als Haftungsgrundlage zur Verfügung.

398. *Auf welche Art kommt der Schuldbeitritt zustande ?*

Ein Schuldbeitritt kommt durch ein Rechtsgeschäft gem. § 305 BGB zwischen dem Beitretenden und dem Gläubiger zustande oder als ein Vertrag zu Gunsten Dritter durch einen Vertrag zwischen dem Schuldner und dem Beitretenden. Im letzteren Fall ist eine Mitwirkung des Gläubigers nicht erforderlich, da sich seine Rechtsstellung verbessert.

399. *Wie unterscheidet sich ein Schuldbeitritt von einer Bürgschaft ?*

Der Bürge haftet akzessorisch für eine fremde Schuld.
Der Beitretende geht eine eigene Verpflichtung ein.
Entscheidend ist, ob eine eigene oder eine akzessorische Verpflichtung eingegangen werden soll.

400. *Inwiefern unterscheidet sich die Schuldübernahme von einer Vertragsübernahme ?*

Bei der Schuldübernahme wird eine einzelne Verpflichtung aus einem Vertrag übernommen, der im Übrigen von den Vertragspartnern weiter fortgeführt wird.
Bei einer Vertragsübernahme scheidet ein Vertragspartner aus. Der Vertrag wird in seiner Gesamtheit mit dem neuen Vertragspartner fortgeführt.

§ 19. Erlöschen des Schuldverhältnisses Fragen 276 – 283

I. Erfüllung (§§ 362 ff. BGB)

II. Leistung an Erfüllungs Statt - Leistung erfüllungshalber (§ 364 BGB)
III. Hinterlegung (§§ 372 ff. BGB)
IV. Aufrechnung (§§ 387 ff. BGB)
V. Erlass (§ 397 BGB)
VI. Aufhebungsvertrag (§ 305 BGB)
VII. Rücktritt (§ 346 ff. BGB)
VIII. Widerruf und Rückgaberecht bei Verbraucherverträgen (§ 355 ff. BGB)
IX. Kündigung (§ 314 BGB)

401. *Welche Umstände können zum Erlöschen des Schuldverhältnisses führen ?*

1. Erfüllung (§§ 362 ff. BGB)
2. Leistung an Erfüllungs Statt - Leistung erfüllungshalber (§ 364 BGB)
3. Hinterlegung (§§ 372 ff. BGB)
4. Aufrechnung (§§ 387 ff. BGB)
5. Erlass (§ 397 BGB)
6. Aufhebungsvertrag (§ 305 BGB)
7. Rücktritt (§ 346 ff. BGB)
8. Widerruf bei Verbraucherverträgen (§ 355 BGB)
9. Kündigung (§ 314 BGB)

I. Erfüllung § 362 BGB

402. *Was heißt "Erfüllung" ?*

Zur Erfüllung ist erforderlich, dass die geschuldete Leistung "bewirkt" wird (§ 362 Satz1 BGB). Dazu muss der Leistungserfolg herbeigeführt worden sein. Tritt der Erfolg von alleine ein (z.B. das zu enteisende Flugzeug taut von alleine auf) handelt es sich nicht um eine Erfüllung.

II. Leistung an Erfüllungs Statt - Leistung erfüllungshalber (§ 364 BGB)

403. *Ist die Bezahlung einer Geldforderung mit einem Scheck*
- als Erfüllung,
- als Leistung an Erfüllungs statt oder
- als Leistung erfüllungshalber anzusehen ?

Die Bezahlung mit Scheck erfolgt nur als Leistung erfüllungshalber. Die Zahlungsforderung bleibt noch so lange bestehen, bis die Bank den Scheck tatsächlich eingelöst hat.

III. Aufrechnung §§ 387 ff. BGB

404. *Was versteht man unter einer Aufrechnung im Sinne der §§ 387 ff. BGB ?*

Die Aufrechnung ist eine gleichzeitige Tilgung zweier sich gegenüberstehender Forderungen durch die einseitige empfangsbedürftige Willenserklärung (Aufrechnung).

405. *Unter welchen Voraussetzungen besteht die Aufrechnungslage ?*

Die Aufrechnungslage gem. § 387 BGB setzt voraus:
1. die zur Aufrechnung gestellten Forderungen müssen gegenseitig sein,
2. die Gegenforderung muss erfüllbar sein,
3. die Forderungen müssen auf dieselbe Leistung gerichtet sein (erforderliche Gleichartigkeit),
4. die zur Aufrechnung gestellte Forderung muss fällig sein,
5. die zur Aufrechnung gestellte Forderung darf nicht mit einer Einrede behaf tet sein (§§ 387, 390 BGB).

Ferner bestehen **Aufrechnungsverbote** (§§ 393 und 394 BGB). Ein praktisch wichtiges Aufrechnungsverbot betrifft Forderungen, die unter Pfändungsschutz stehen (beispielsweise Teile des Arbeitseinkommens).

406. *Kann man mit verjährten Forderungen aufrechnen ?*

Eine Aufrechnung mit verjährten Forderungen ist nach ausdrücklicher gesetzlicher Regelung möglich, wenn die verjährte Forderung bei Eintritt der Aufrechnungslage noch unverjährt war (§ 215 BGB).

407. *Kann eine Geldforderung über 5.000.-- €uro gegen eine Forderung über 10.000.-- €uro aufgerechnet werden oder fehlt es an der Gleichartigkeit ?*

Die Aufrechnung ist ohne weiteres möglich. Gleichartigkeit setzt nicht gleiche Höhe der Forderung voraus (§ 387 BGB).
Im vorliegenden Fall erlischt die Hauptforderung in Höhe von 5.000.-- €uro.

408. *Worin unterscheiden sich **Aufrechnung** und Ausübung eines **Zurückbehaltungsrechts** ?*

Bei einer **Aufrechnung erlöschen** die **Forderungen** rückwirkend zu dem Zeitpunkt, zu dem die Aufrechnung zum ersten Mal möglich gewesen wäre - soweit sie sich aufrechenbar gegenüber gestanden haben (§ 389 BGB).
Bei der Ausübung des **Zurückbehaltungsrechts bleiben** die **Forderungen bestehen** (§ 273 BGB). Die Ausübung des Zurückbehaltungsrechts führt dazu, dass die eigene Leistungsverpflichtung nur Zug um Zug gegen die Erbringung der Gegenleistung erfüllt zu werden braucht.

409. *Kann man mit einem Anspruch gegen einer Forderung aus unerlaubter Handlung aufrechnen ?*

Nein, das ist nach dem einseitigen gesetzlichen Aufrechnungsverbot des § 393 BGB nicht möglich. Andernfalls könnte der Gläubiger eines zahlungsunwilligen Schuldners diesem Schuldner im Wege der Selbstjustiz dessen Auto demolieren und erklären: "So, jetzt sind wir quitt !".
Diese Art einer Selbstjustiz ist in unserer Rechtsordnung unerwünscht.
Jedoch kann der Geschädigte seinerseits mit seiner Forderung auf Schadensersatz gegen die Forderungen des Schädigers aufrechnen.

IV. Rücktritt vom Vertrag

410. *Was bedeutet **Rücktritt** ?*

Rücktritt ist die einseitige Erklärung eines Vertragspartners an den anderen, dass der voll wirksam geschlossene Vertrag rückgängig gemacht werden soll (§ 346 BGB).

411. *Nennen Sie gesetzlich geregelte Fälle des Rücktritts.*

§§ 323; 324; 326; 437; 634 BGB.

412. *Was haben **Rücktritt** und **Kündigung** gemeinsam ?*
Worin bestehen Unterschiede zwischen Rücktritt und Kündigung ?

In beiden Fällen wird ein Schuldverhältnis als Ganzes durch eine einseitige Willenserklärung eines der Partner aufgehoben. Beide Gestaltungsrechte können entweder auf vorheriger vertraglicher Vereinbarung oder auf gesetzlicher Regelung beruhen.

Der **Rücktritt** führt zur Aufhebung des Schuldverhältnisses **von Anfang an.**
Mit der Erklärung des Rücktritts
- werden die durch das Schuldverhältnis bisher begründeten Rechte und Pflichten aufgehoben und
- es wird kraft Gesetzes ein Rückgewährschuldverhältnis neubegründet, wonach die empfangenen Leistungen zurück zu gewähren sind (§§ 346 ff. BGB).

Eine **Kündigung** hebt das Schuldverhältnis nur **für die Zukunft** auf.
Bereits erbrachte Leistungen sind nicht zurück zu gewähren.

413. *Welcher Unterschied besteht zwischen einem Rücktritt und einer Anfechtung ?*

Die Anfechtung betrifft Mängel, die dem Rechtsgeschäft von Anfang an anhafteten. Die Anfechtung macht das Rechtsgeschäft nichtig (§ 142 BGB) und wandelt es nicht in ein Rückabwicklungsverhältnis. Die Rückabwicklung erfolgt über die ungerechtfertigte Bereicherung der §§ 812 ff. BGB und nicht über die §§ 346 ff. BGB.

V. Widerrufs- und Rückgaberecht bei Verbraucherverträgen
§§ 355 ff. BGB

414. *Kann ein Verbraucher eine Willenserklärung zum Abschluss eines Vertrages nachträglich widerrufen ?*

Ja. Soweit einem Verbraucher vom Gesetz Widerrufsrechte eingeräumt werden, wird er gem. § 355 Abs.1 Satz 1 BGB von der Bindung an eine Willenserklärung zum Abschluss eines Vertrages befreit, wenn er sie fristgemäß widerruft.

415. *Welche Verbraucherschutzgesetze verweisen auf das Widerrufsrecht des § 355 BGB ?*

Das sind die Haustürgeschäfte des § 312 BGB, die Fernabsatzverträge des § 312 d BGB, die Teilzeit-Wohnrechte nach § 485 BGB und die Verbraucherdarlehensverträge des § 495 BGB.

416. *Welcher Unterschied besteht zwischen dem Widerruf nach § 355 BGB und dem Rückgaberecht nach § 356 BGB hinsichtlich der Rechtsfolgen ?*

Ein Unterschied besteht hinsichtlich der Rechtsfolgen nicht (vgl. § 357 BGB).

417. *Welchen Inhalt muss ein Widerruf haben und welche Frist muss eingehalten werden ?*

Ein Widerruf muss keine Begründung enthalten und ist entweder in Textform oder durch Rücksendung der Sache innerhalb von 2 Wochen gegenüber dem Unternehmer zu erklären; zur Fristwahrung genügt die rechtzeitige Absendung (§ 355 Abs.1 Satz 2 BGB).

418. *Muss auch eine einem Verbraucher unbestellt zugesandte Ware wieder zurück gesandt werden ?*

Nein, eine unbestellt zugesandte Ware braucht nicht wieder zurückgesandt zu werden (§ 241 a BGB). Der Unternehmer hat nicht einmal einen Herausgabeanspruch als Eigentümer gem. § 985 BGB. Eigentum und Besitz fallen dauernd auseinander.
Eine ziemlich einmalige und umstrittene gesetzliche Regelung.

Teil 3. Vertragliche Schuldverhältnisse Fragen 419 - 546

419. *Welche Bedeutung haben die gesetzlichen Vorschriften der §§ 433 - 853 BGB unter der Überschrift: „**Einzelne Schuldverhältnisse**“ ?*

In den §§ 433 ff. BGB sind lediglich häufig vorkommende einzelne Vertragstypen geregelt. Die dort genannten Regelungen gelten für den Fall, dass die Parteien keine anderweitigen Regelungen getroffen haben. Es herrscht der Grundsatz der Vertragsfreiheit. Die Parteien können jegliche Vertragsgestaltungen frei vereinbaren, wie beispielsweise Leasing, Factoring, Forfaitierung, soweit die gesetzlichen Regelungen nicht zwingender Natur sind (§ 311 BGB).

§ 20. Kaufvertrag

420. *Was ist ein Kaufvertrag im Sinne der §§ 433 ff. BGB ?*

Ein Kauf ist ein gegenseitiger Vertrag, in welchem sich der Verkäufer dazu verpflichtet, dem Käufer die verkaufte Sache zu übergeben und das Eigentum daran zu verschaffen - während sich der Käufer verpflichtet, den vereinbarten Kaufpreis zu zahlen (§ 433 BGB).

421. *Was kann Gegenstand eines Kaufvertrages sein ?*

Gegenstand eines Kaufvertrages sind „**Sachen**“ (§ 433 BGB), „**Rechte**“ und „**sonstige Gegenstände**“ (§ 453 BGB)
Sachen (bewegliche Sachen und Grundstücke),
Sachgesamtheiten (Bibliotheken),
Rechte (z.B. Veräußerung eines Patents),
Forderungen (so z.B. beim „Factoring“),
sonstige Gegenstände des wirtschaftlichen Verkehrs (Unternehmen, Arztpraxen, Erbschaft, Strom und Wärme, Herstellungsverfahren, Know-how, EDV-Programme).

422. *Kann man auch erst künftig entstehende Sachen kaufen ?*

Ja, das ist möglich. Praktisch bedeutsam wird dies etwa beim Kauf einer künftigen Ernte.

423. *Kann man **Computerprogramme** kaufen ?*

Bei Computerprogrammen muss man unterscheiden:
Die Beschaffung von Computerprogrammen fällt nur unter das Kaufrecht, wenn es sich um sog. **Standartsoftware** handelt.
Individuell hergestellte Computerprogramme unterliegen dem Werkvertragsrecht.

424. *Wird der Käufer mit Abschluss des Kaufvertrages auch Eigentümer der gekauften Sache ?*

Nein.
Im deutschen Recht gilt im Unterschied zu einigen anderen Rechtsordnungen in der Welt der sog. **Abstraktionsgrundsatz.** Das bedeutet: zwischen Verpflichtungsgeschäften und Verfügungsgeschäften ist zu unterscheiden.
Der Kaufvertrag ist ein Verpflichtungsgeschäft, das den Verkäufer lediglich „verpflichtet", das Eigentum zu übertragen. Durch das Verpflichtungsgeschäft wird das Recht des Käufers „**begründet**"
Die Übereignung selbst ist ein Verfügungsgeschäft. Mit der Übereignung wird das Eigentumsrecht nicht begründet sondern „**übertragen**".
Die Übertragung des Eigentums ist von der Eingehung der Verpflichtung unabhängig und geschieht für bewegliche Sachen nach § 929 BGB.

425. *Wie erfüllt der Verkäufer, der ein **"Unternehmens"** verkauft, seine Verpflichtungen ?*

Alle Gegenstände des Unternehmens müssen nach den jeweils für sie geltenden Rechtsgrundsätzen übertragen werden.
Bewegliche Sachen werden nach § 929 BGB übereignet. Forderungen müssen abgetreten werden (§ 398 BGB). Schulden müssen übernommen werden (§ 414 BGB).

426. *Was versteht man unter einem **Sachmangel** ?*

Der Begriff des Sachmangels ist in **§ 434 BGB** geregelt.

Maßgeblich ist:
1. **vereinbarte Beschaffenheit;**
2. ohne Vereinbarung: Eignung für die nach dem Vertrag **vorausgesetzte Verwendung**;
3. ohne vertraglich vorausgesetzte Verwendung: Eignung zur **gewöhnlichen Verwendung** und **Beschaffenheit**, die bei Sachen gleicher Art **üblich** ist.

4. Lieferung einer **anderen Sache** und **Minderlieferungen** sind Sachmängel (§ 434 Abs.3 BGB).
5. Übliche Beschaffenheit richtet sich u.a. nach der **Werbung** (§ 434 Abs.1 S.3 BGB).
6. Fehlerhafte Montage und fehlerhafte **Montageanleitung** (IKEA-Klausel) sind Sachmängel (§ 434 Abs.2 BGB).

427. *Was ist ein **Rechtsmangel** einer Sache ?*

Der Begriff des Rechtsmangels ist in § 435 BGB geregelt.
Ein Rechtsmangel liegt vor, wenn ein Dritter in Bezug auf die verkaufte Sache Rechte gegen den Käufer geltend machen kann, soweit er diese Rechte nicht im Kaufvertrag übernommen hat.

428. *Benennen Sie ein Beispiel für einen Rechtsmangel.*

Ein Rechtsmangel einer Sache liegt insbesondere vor, wenn die Kaufsache mit einem dinglichen Recht eines Dritten belastet ist.

429. *Welche 5 gesetzlichen Gewährleistungsansprüche hat der Käufer eine mangelhaften Sache ?*

1. **Nacherfüllung** (§§ 437 Nr.1, 439 BGB);
2. Kaufpreis**minderung** (§§ 437 Nr.2, 441 BGB);
3. **Rücktritt** (§§ 437 Nr.2, 440, 323, 326 Abs.5 BGB);
4. **Schadensersatz** (§§ 437 Nr.3, 440, 280, 281, 283, 311 a BGB);
5. Ersatz vergeblicher **Aufwendungen** (§§ 437 Nr.3, 284 BGB).

430. *Welches ist das **„normale" Recht** des **Käufers** bei Lieferung einer **mangelhaften Sache**, für dessen Geltendmachung keine weiteren Voraussetzungen nötig sind ?*

Die **Nacherfüllung**. Es reicht ein Mangel der Sache aus.

431. *Was versteht man unter **Nacherfüllung** ?*

Der Käufer kann nach seiner **Wahl**
- **Beseitigung des Mangels** oder
- **Lieferung einer mangelfreien Sache** verlangen (§ 439 BGB).

432. *Wie viele Nachbesserungsversuche sind dem Verkäufer einzuräumen ?*

Eine Nachbesserung gilt nach dem erfolglosen zweiten Versuch als fehlgeschlagen, wenn sich nicht insbesondere aus der Art der Sache oder des Mangels oder den sonstigen Umständen etwas anderes ergibt (§ 440 Satz 2 BGB).

433. *Welche weiteren Voraussetzungen neben dem Mangel an der Sache sind für* *das Recht zum **Rücktritt**, auf **Minderung** oder auf **Schadensersatz** erforderlich ?*

In der Regel ist
das **erfolglose** Setzen einer **Nachfrist** oder
das **Fehlschlagen der Nacherfüllung** Voraussetzung (§ 441 BGB).
Auch die Minderung verlangt die Nachfrist, weil sie „statt" des Rücktritts erfolgt, für den die Nachfrist erforderlich ist (§§ 441, 323 Abs.1 BGB).

434. *Welche Rechte hat der Käufer, wenn durch die gelieferte Sache **Folgeschäden** eintreten ?*

Der Käufer ist in diesen Fällen Schadensersatz
auf die Geltendmachung eines Anspruches aus angewiesen, der die Verletzung von Nebenpflichten und vor allem (anders als Wandelung und Minderung) Verschulden voraussetzt.

435. *Gelten die Vorschriften der Sachmängelhaftung nur für den Kauf von Sachen ?*

Nein.
Der Anwendungsbereich der Vorschriften für Sachmängel (§§ 434 ff. BGB) findet für den Kauf von Rechten und sonstigen Gegenständen eine entsprechende Anwendung (§ 453 BGB).

436. *Wann verjähren Sachmängelansprüche ?*

Sachmängel verjähren in **2 Jahren** (§ 438 Abs.1 Nr.3 BGB).

437. *Wann verjähren Rechtsmängelansprüche ?*

Ansprüche des Käufers wegen Rechtsmängel verjähren in **30 Jahren** (§ 438 Abs.1 Nr. 1 BGB).
Die lange Verjährungsfrist ist vom Gesetzgeber gewählt worden, da Rechtsmängel nicht durch eine Untersuchung der Sache entdeckt werden können.

438. *Wann geht bei einem **Versendungskauf** die Gefahr auf den Käufer über ?*

Die Gefahr geht dann über, wenn der Verkäufer die Sache der zur Versendung bestimmten Person ausgeliefert hat (§ 447 BGB).

439. *Normalerweise trägt demgemäß der Käufer das Risiko bei Versendungskäufen. Gilt dies auch im **Versandhandel mit Privatpersonen** ?*

Für Verbrauchsgüterkäufe der §§ 474 ff. BGB gilt diese Regelung nicht. Dann verbleibt es bei der Regelung in § 446 Satz 1 BGB.
Das Versandrisiko ist bis zur Übergabe an den Käufer vom Unternehmer zu tragen. Der Unternehmer entscheidet im Versandhandel über Art und den Weg der Versendung, er wählt die Versandpersonen aus und versichert sich eventu-

ell gegen Risiken.

§ 21. Kauf unter Eigentumsvorbehalt (§ 449 BGB)

440. *Was verstehen Sie unter einem **Kauf unter Eigentumsvorbehalt** ?*

Beim Kauf unter Eigentumsvorbehalt liefert der Verkäufer die Sache dem Käufer sofort aus.
Der Käufer wird Besitzer und kann die Sache nutzen.
Dem Käufer wird das Eigentum unter der **aufschiebenden Bedingung** (§ 158 Abs.1 BGB) der vollständigen Zahlung des Kaufpreises übertragen (§ 449 BGB).

441. *Welche Sonderregelungen bringt § 449 BGB für den Verzug beim Kauf unter Eigentumsvorbehalt ?*

Im Falle des Zahlungsverzuges oder im Falle einer Pflichtverletzung des Käufers (§ 241 Abs.2 BGB) kann der Verkäufer dem Käufer eine angemessene Frist setzen und bei Fristablauf vom Vertrage zurücktreten und die Herausgabe der Sache nach § 346 BGB und nach § 985 BGB verlangen.

442. *Was sind die Folgen des Rücktritts aufgrund § 449 BGB ?*

Durch den Rücktritt wird dem Käufer das **Recht zum Besitz** entzogen. Der Käufer hat gegenüber dem Verkäufer kein „Recht zum Besitz“ (§ 986 BGB) aus dem Kaufvertrag.
Der Käufer wird durch den Rücktritt des Verkäufers davon befreit, den Kaufpreis zahlen zu müssen.

443. *Worin besteht für den Verkäufer der Vorteil bei der Vereinbarung eines Eigentumsvorbehalts ?*

Der Verkäufer ist gegen den Zugriff von dritten Gläubigern des Käufers auf die verkaufte Sache geschützt.
Das vorbehaltene Eigentum sichert die Kaufpreiszahlung.

444. *Wie nennt man die Rechtstellung des Käufers vor vollständiger Kaufpreiszahlung?*

Man bezeichnet sie als **Anwartschaftsrecht**. Damit soll zum Ausdruck gebracht werden, dass der Käufer aufgrund der bedingten Eigentumsübertragung bereits eine Anwartschaft auf das volle Eigentum hat (§ 161 BGB).

445. *Wie wird das Anwartschaftsrecht behandelt ?*

Das Anwartschaftsrecht ist gegenüber Dritten als „sonstiges Recht“ nach § 823

Abs. 1 BGB geschützt. Die Übertragung des Anwartschaftsrecht erfolgt nach den entsprechend anwendbaren §§ 929 ff. BGB.
Juristisch gesprochen: Das Anwartschaftsrecht ist ein wesensgleiches „Weniger" im Vergleich zum Vollrecht.

446. *Was versteht man unter dem „**erweiterten Eigentumsvorbehalt**" ?*

Der einfache Eigentumsvorbehalt kann vertraglich erweitert werden (sog. erweiterter Eigentumsvorbehalt). Es gibt zahlreiche Sonderformen, wobei die verwendete Terminologie nicht immer einheitlich ist.
Das vorbehaltene Eigentum sichert dann nicht nur die Kaufpreisforderung, sondern auch andere Forderungen des Verkäufers gegen den Käufer.

447. *Was versteht man unter dem „**verlängerten Eigentumsvorbehalt**" ?*

Ein verlängerter Eigentumsvorbehalt liegt vor, wenn Verkäufer und Käufer vereinbaren, dass an Stelle des Eigentumsvorbehalts die neue Sache oder die erworbene Forderung treten soll, wenn dieser durch Verarbeitung, Verbindung oder Weiterveräußerung erlischt.

448. *Was versteht man unter einem „**nachträglichen Eigentumsvorbehalt**" ?*

Ein nachträglicher Eigentumsvorbehalt liegt vor, wenn sich der Veräußerer das Eigentum einseitig bei Lieferung der Ware bis zur vollständigen Bezahlung der Ware vorbehält.
Dieser Vorbehalt ist selbst dann wirksam, wenn der Verkäufer gegen seine vertragliche Pflicht zur unbedingten Übereignung gem. § 433 BGB verstößt.

449. *Kann sich der Verkäufer eines Grundstücks das Eigentum an dem Grundstück bis zur vollständigen Bezahlung des Kaufpreises vorbehalten ?*

Nein. Die Auflassung eines Grundstücks unter Bedingungen ist unzulässig (§ 925 Abs.2 BGB).
Daher ist ein Eigentumsvorbehalt bei Verkäufen von Grundstücken nicht möglich.

§ 22. Verbrauchsgüterkauf (§ 474 BGB)

450. *Was versteht man unter einem **Verbrauchsgüterkauf** ?*

Ein Verbrauchsgüterkauf liegt vor, wenn ein **Verbraucher** (§ 13 BGB) von einem **Unternehmer** (§ 14 BGB) eine bewegliche Sache (§ 90 BGB) kauft (§ 474 Abs.1 BGB).

451. *Welche rechtlichen Besonderheiten gelten für den Verbrauchsgüterkauf ?*

Für den Verbrauchsgüterkauf gelten zahlreiche **wichtige Besonderheiten**.

1. In einem Verbrauchsgüterkaufvertrag darf zum Nachteil des Käufers von zahlreichen gesetzlichen Bestimmungen **nicht abgewichen** werden, insbesondere nicht von den Mängelrechten des Käufers (§ 475 Abs.1 BGB).
2. Die Verjährung der Mängelgewährleistungsrecht darf beim Verbrauchsgüterkauf bei neuen Sachen **nicht kürzer als 2 Jahre** und bei gebrauchten Sachen nicht kürzer als 1 Jahr sein (§ 475 Abs.2 BGB).
3. **Beweislastumkehr. Beim Auftreten eines Mangels innerhalb der ersten 6 Monate nach Gefahrenübergang wird vermutet, dass die Sache bereits bei Gefahrenübergang mangelhaft war.**
   Dann muss der Verkäufer das Gegenteil beweisen.

452. *Welche Rechte hat der Käufer bei einem Verbrauchsgüterkauf, wenn eine **Ga rantie**gegeben wurde ?*

Wenn der Verkäufer oder ein Dritter (beispielsweise der Hersteller) eine **Garantie** für die **Beschaffenheit** oder die **Haltbarkeit** der Sache übernommen hat, so stehen dem Käufer die Rechte aus den in der Garantieerklärung und den in der einschlägigen Werbung angegebenen Bedingungen gegenüber demjenigen zu, der die Garantie eingeräumt hat (§§ 443, 447 BGB).

453. *Bleibt ein Händler auf dem Schaden „sitzen", wenn er seinem Kunden wegen Mängeln haftet ?*

Der Händler kann bei seinem Lieferanten Regress suchen (§§ 478 f. BGB).

454. *Was ist ein **Kauf auf Probe** ?*

Kauf auf Probe ist ein Kauf, dessen Wirksamkeit von der ins freie Belieben des Käufers gestellten Billigung der Kaufsache abhängt (§ 454 BGB).

455. *Was ist ein **Vorkaufsrecht** ?*

Der Berechtigte eines (schuldrechtlichen) Vorkaufsrechts gem. § 463 BGB kann das Vorkaufsrecht ausüben, wenn der Verpflichtete mit einem Dritten einen Kaufvertrag über den Gegenstand geschlossen hat.

§ 23. Miete §§ 535 ff. BGB

456. *Welches sind die Hauptpflichten der Vertragspartner in einem Mietvertrag ?*

Der Mietvertrag ist ein gegenseitiger Vertrag.
Der Vermieter ist verpflichtet, dem Mieter während der Mietzeit den Gebrauch einer Mietsache in einem zum vertragsgemäßen Gebrauch geeigneten Zustand zu überlassen und zu erhalten.
Der Mieter hat die vereinbarte Miete zu bezahlen (§ 535 BGB).

457. *Gelten für die Vermietung von Automobilen und von Wohnungen dieselben Rechtsvorschriften ?*

Nein.
Mietverhältnisse über Wohnraum sind durch eine Reihe von Sondervorschriften aus sozialen Schutzgründen gesondert geregelt (§§ 549 – 577 a BGB).

458. *Wie hoch darf eine Mietkaution bei Wohnungen maximal sein ?*

Sie darf höchstens drei Monatsmieten betragen (§ 551 Abs.1 BGB).
Der Vermieter hat d ie überlassene Geldsumme bei einem Kreditinstitut zu einem für Spareinlagen üblichen Zinssatz anzulegen (§ 551 Abs.3 BGB).

459. *Wie unterscheiden sich* ***Miete*** *und* ***Leihe*** *voneinander ?*

Die Leihe ist unentgeltlich (§ 598 BGB).

460. *Wie unterscheiden sich* ***Miete*** *und* ***Pacht*** *?*

Bei einer Pacht kommt neben dem Recht zum Gebrauch der Sache das **Recht der Fruchtziehung** hinzu (§ 581 BGB). Früchte einer Sache sind die Erzeugnisse der Sache und die sonstige Ausbeute, welche aus der Sache ihrer Bestimmung gemäß gewonnen wird (§ 99 BGB). (Beispielsweise: Eier, Milch, Bäume, Kohle, Mineralwasser.)
Bei Miete und Leihe können nur Sachen überlassen werden, bei der Pacht können auch Rechte Vertragsgegenstand sein

461. *Kann der 1.FC Köln einen* ***Fußballspieler*** *verleihen ?*

Nein, das ist nicht möglich. Der Fußballspieler ist ein Mensch und keine Sache.

462. *Kann man eine* ***Hauswand*** *zu Werbezwecken vermieten ?*

Ja, das ist möglich. Auch (wesentliche) Teile einer Sache können vermietet werden.

463. *Kann man eine* ***Gaststätte*** *im rechtlichen Sinn „vermieten“ ?*

Nein, das ist nicht möglich.
Der vertraglich eingeräumte „Gebrauch“ der Gaststätte gewährt auch den „Genuss der Früchte“, soweit sie als Ertrag anzusehen sind (§ 581 BGB). Es handelt sich um einen Pachtvertrag (§ 581 BGB).
„Frucht“ einer Sache ist auch „die sonstige Ausbeute, welche aus der Sache ihrer Bestimmung gemäß gewonnen wird“ (§ 99 BGB).

464. *Sind Mietverträge* ***schriftformpflichtig*** *?*

Nein. Mietverträge sind grundsätzlich **nicht** schriftformpflichtig.

465. *Eine Studentin mietet ein Zimmer für ein Semester. Muss der Mietvertrag schriftlich abgeschlossen werden ?*

Nein, es genügt der mündliche Vertragsabschluss.

466. *Ist ein **mündlich** geschlossener Mietvertrag einer Wohnung über 2 Jahre gültig ?*

Ja, der mündlich abgeschlossene Wohnungs-Mietvertrag über 2 Jahre ist gültig. Allerdings **gilt** er als auf **unbestimmte Zeit** abgeschlossen (§ 550 BGB). Die Vorschrift des § 125 BGB greift nicht ein.

467. *Darf der Mieter ohne Zustimmung des Vermieters die Sache einem anderen überlassen ?*

Nein, eine **Untervermietung** ist unzulässig (§ 540 BGB).

468. *Ist der Ehegatte eines verstorbenen Mieters zum Auszug aus der gemeinsam bewohnten Wohnung verpflichtet ?*

Der überlebende Ehegatte tritt in das Mietverhältnis ein (§ 563 BGB).

469. *Was versteht man unter der **Gebrauchserhaltungspflicht** des Vermieters ?*

Es ist eine Hauptpflicht des Vermieters, für die Unterlassung aller Handlungen zu sorgen, die den vertragsgemäßen Gebrauch durch den Mieter stören (§ 535 Abs. 1 S.2 BGB). Fremde Störungen muss er abwehren (beispielsweise unzumutbaren Lärm durch Mitbewohner).

470. *Was versteht man unter **Instandhaltungspflicht** des Vermieters ?*

Der Vermieter hat die Mietsache während der Mietzeit in einem Zustand zu erhalten, der dem Mieter den vertragsgemäßen Gebrauch ermöglicht (§ 535 Abs.1 S.2 BGB).

471. *Wie ist die Rechtslage bei **Schönheitsreparaturen** ?*

Nach der gesetzlichen Lage hat der Vermieter die Schönheitsreparaturen tragen.
Nach § 548 BGB hat der Mieter die durch den normalen Gebrauch herbeigeführte Abnutzung nicht zu vertreten. Da der Vermieter den vertragsgemäßen Gebrauch nach § 536 BGB erhalten muss, geht das Gesetz davon aus, dass der Vermieter die erforderlichen Erhaltungs- und Reparaturarbeiten vorzunehmen und die Lasten selbst zu übernehmen hat.
In der Mietvertrags-**Praxis** werden die Schönheitsreparaturen jedoch in der Regel dem Mieter übertragen. Dann kann der Mieter keine laufenden Instandhal-

tungsreparaturen fordern. Er ist verpflichtet, beim Auszug die Räume in dem Zustand zurückzugeben, wie sie sich befinden würden, wenn er die vereinbarten oder üblicherweise vorzunehmenden Schönheitsreparaturen regelmäßig durchgeführt hätte.
Zu einer Rückgabe der Räume in vollständig renoviertem Zustand ist er jedoch nicht verpflichtet.

472. *Welche Rechte hat der Mieter, wenn die Mietsache einen **Mangel** hat ?*

1. Bei einem Mangel der Mietsache, die ihre Tauglichkeit zum vertragsgemäßen Verbrauch aufhebt, wird der Mieter kraft Gesetzes von der **Mietzahlung befreit** (§ 536 BGB).
2. Für eine geminderte Tauglichkeit hat der Mieter nur eine angemessen **her abgesetzte Miete** zu entrichten.
3. Er hat einen **Mangelbeseitigungsanspruch** (§ 535 BGB).
4. Er hat einen **Schadensersatzanspruch.**
5. Er hat das Recht zur **fristlosen Kündigung** gem. § 543 BGB.

473. *Wie kann ein Mietverhältnis **beendet** werden ?*

1. Soweit ein Mietverhältnis für eine feste Zeit vereinbart worden ist, endet es mit Ablauf der **vereinbarten Zeit** ohne weitere Erklärung einer der Ver tragsparteien (§ 564 Abs.1 BGB);
2. durch **Parteivereinbarung** (Aufhebungsvertrag gem. § 311 Abs.1 BGB);
3. Unbefristete Mietverträge können von beiden Seiten unter Einhaltung der in §§ 573 c und 580 a BGB aufgeführten Fristen **"ordentlich"** gekündigt werden.
4. Das Mietverhältnis kann aus **wichtigem Grund** durch beide Vertragsparteien **ausserordentlich <u>ohne</u> eine Frist** gekündigt werden (§§ 543, 569 BGB).
5. Bei Wohnraummiete bestehen Möglichkeiten zu einer **außerordentlichen Kündigung <u>mit</u> einer gesetzlichen Frist** (§§ 540, 544, 563, 564, 575 a BGB).

474. *Ist die **mündliche Kündigung** eines Mietverhältnisses über einen Wohnraum wirksam ?*

Nein.
Die Kündigung eines Mietverhältnisses über einen Wohnraum bedarf der **schriftlichen Form** (§ 568 BGB).

475. Was kann der Mieter einer Mietwohnung gegen eine berechtigte ordentliche Kündigung des Mietverhältnisses unternehmen ?

Der Mieter kann **Widerspruch** gegen die Kündigung erheben, wenn die vertragsmäßige Beendigung des Mietverhältnisses für ihn oder seine Familie eine Härte bedeuten würde, die auch unter Berücksichtigung der berechtigten Interessen des Vermieters unzumutbar und nicht zu rechtfertigen ist (§ 574 BGB).

476. *Welchen **Inhalt** muss eine Kündigung über Wohnraum enthalten ?*

In dem Kündigungsschreiben müssen sämtliche **Gründe** für die ordentliche und außerordentliche Kündigung angegeben werden (§§ 569 Abs.4; 573 Abs.3 BGB). Außerdem soll der Vermieter den Mieter über sein **Widerspruchsrecht** nach §§ 574 ff. BGB belehren.

477. *Welche Rechtsfolgen ergeben sich, wenn eine Kündigung eine Wohnraumes den inhaltlichen Anforderungen nicht genügt ?*

Wenn der Vermieter nicht die Gründe für sein berechtigtes Interesse an der Auflösung des Mietverhältnisses darlegt, kann derartige Interessen nur noch berücksichtigt werden, wenn sie **nach** Ausspruch der Kündigung entstanden sind (§ 573 Abs.3 S.2 BGB).
Die nicht rechtzeitig geltend gemachten Kündigungsgründe gehen nicht in die Härteabwägung ein (§ 574 Abs.3 BGB).
Wird der Hinweis über das Widerspruchsrecht nicht in das Kündigungsschreiben aufgenommen, kann der Mieter seinen Widerspruch noch im Prozess nachschieben.

478. *Endet ein Mietverhältnis über Wohnraum, wenn der vermietete Wohnraum von dem Eigentümer verkauft wird ?*

Nein.
Wird der vermietete Wohnraum an einen Dritten veräußert, so tritt der Erwerber anstelle des Vermieters in die sich aus dem Mietverhältnis ergebenden Rechte und Pflichten ein („**Kauf bricht nicht Miete**“, § 566 BGB).

479. *Kennen Sie einen anderes Beispiel, wo ein Erwerber bestehende Vertragsverhältnisse mit übernehmen muss ?*

Ja, im Bereich des Arbeitsrechts ist dies gem. § 613 a BGB bei der Übernahme von Betrieben oder Betriebsteilen der Fall.
Der neue Betriebsinhaber tritt in die Rechte und Pflichten aus bestehenden Arbeitsverhältnissen ein.

480. *Darf der Mieter beim Auszug die von ihm eingebaute Duschkabine mitnehmen ?*

Grundsätzlich ja.
Der Mieter eine Einrichtung wegnehmen, mit der er die Mietsache versehen hat (§ 539 Abs.2 BGB).
Der Vermieter kann allerdings die Ausübung des Wegnahmerechts durch Zahlung einer angemessenen Entschädigung abwenden, sofern nicht der Mieter ein berechtigtes Wegnahmeinteresse hat (§ 552 BGB).

481. *Darf der Mieter beim Auszug die von ihm eingebaute Duschkabine gegen den*

Willen des Vermieters mitnehmen, wenn er die Miete noch nicht bezahlt hat ?

Nein.
Der Vermieter hat für seine Forderungen aus dem Mietverhältnis ein Pfandrecht an den Sachen des Mieters (§ 562 BGB).
Wenn der Mieter auszieht, darf der Vermieter diese Sachen in seinen Besitz nehmen (§ 562 b Abs. 1 Satz 2 BGB).
Dabei ist nach herrschender Meinung sogar eine Gewaltanwendung gegen den Mieter möglich.

§ 24. Leasing

482. *Was versteht man unter dem „**Leasing**" ?*

Leasing ist eine besondere Form der Gebrauchsüberlassung über bewegliche oder unbewegliche Investitions- und Konsumgüter (to lease = mieten). Leasingverträge enthalten mietrechtliche und kaufrechtliche Elemente. Im Gegensatz zum Kauf ist in der Regel der Erwerb des Eigentums nicht vorgesehen. Wenn dem Leasingnehmer ein Optionsrecht eingeräumt wird, ist zu prüfen, ob nicht ein Mietkauf vorliegt (Mietzins = Kaufpreisraten).

Beim „**Hersteller-Leasing**" liefert der Hersteller Anlagegüter an den Mieter. Beim „**Finanzierungsleasing**" wird zwischen Produzenten und Erwerber eine Leasinggesellschaft eingeschaltet. Hierbei ist ein Finanzierungsunternehmen Leasinggeber und überlässt die von einem Hersteller erworbenen Wirtschaftsgüter einem Leasingnehmer langfristig unkündbar (Grundmietzeit). Der Leasingnehmer deckt mit den in der Grundmietzeit zu entrichtenden Raten mindestens die Anschaffungskosten sowie alle Nebenkosten einschließlich der Finanzierungskosten des Leasinggebers.

483. *Wie vollzieht sich beim Finanzierungsleasing der Eigentumserwerb der Leasinggesellschaft, wenn der Hersteller das Leasinggut unmittelbar an den Leasingnehmer ausliefert ?*

Die Übereignung zwischen Hersteller und Leasinggeber erfolgt gemäß § 929 Satz 1 BGB.
Für die nach § 929 Satz 1 BGB erforderliche Übergabe genügt die Verschaffung des mittelbaren Besitzes (§ 868 BGB).. Aufgrund des Leasingvertrags ist der Leasingnehmer dem Leasinggeber gegenüber auf Zeit zum Besitz berechtigt und vermittelt ihm so den Oberbesitz (§ 868 BGB).
Der Leasingnehmer wird zu keinem Zeitpunkt Eigentümer und darf das auch nicht werden. Würde der Leasingnehmer auch nur für eine logische Sekunde Eigentümer des Leasinggutes, läge eine Sicherungsübereignung des Leasingnehmers an den Leasinggeber vor, die das steuerrechtliche Ziel der Konstruktion vereiteln würde. Dann wäre das Leasinggut in der Bilanz des Leasingneh-

mers aufzunehmen (§ 246 Abs.1 Satz 2 HGB).

484. *Welchem steuerrechtlichen Zweck dient der Leasingvertrag ?*

Für Wirtschaftsgüter des Anlagevermögens wird mit dem Leasingvertrag eine Finanzierungserleichterung durch günstigere Besteuerung angestrebt.
Der Leasinggegenstand ist bilanzmäßig und steuerrechtlich dem Leasinggeber zuzurechnen.
Die Leasingraten sind beim Leasingnehmer sofort abzugsfähige Betriebsausgaben.
Der Vorteil des Leasing gegenüber einer fremdfinanzierten Anschaffung liegt darin, dass die Aufwendungen für ein Wirtschaftsgut im Wege der Leasingraten schneller steuerlich abgesetzt werden können als bei echter Anschaffung mit Aktivierung und anschließender Abschreibung, denn die Grundmietzeit wird kürzer angesetzt, als die für die Abschreibung maßgebende betriebsgewöhnliche Nutzungsdauer.

§ 25. Leihe

485. *Wie ist der **Leihvertrag** rechtlich zu charakterisieren ?*

Der Verleiher überlässt dem Entleiher eine Sache **unentgeltlich** zum Gebrauch (§ 598 BGB).

486. *Ist es im Sinne der rechtlichen Terminologie zutreffend, wenn man sagt: „Ich habe mir von der Nachbarin ein Pfund Zucker geliehen" ?*

Nein, das ist nicht zutreffend. Es handelt sich um ein **Sachdarlehen.**
Bei einem Leihvertrag darf die Sache „gebraucht" aber nicht „verbraucht" werden. Es muss dieselbe Sache zurückgegeben werden, die entliehen worden ist (§ 604 BGB).

487. *Ist es im Sinne der rechtlichen Terminologie zutreffend, wenn man sagt: „Ich leihe mir in der Videothek einen Film" ?*

Nein, das ist nicht zutreffend. Es handelt sich um einen **Mietvertrag.**
Die Leihe ist unentgeltlich.

488. *Wann kann der Verleiher die Rückgabe der verliehenen Sache verlangen, wenn über die **Beendigung** eines Leihverhältnis nichts vereinbart worden ist ?*

Der Verleiher kann die Sache jederzeit zurückfordern, wenn die Dauer der Leihe weder bestimmt noch aus dem Zweck zu entnehmen ist (§ 604 Abs.3 BGB).

§ 26. Werkvertrag

489. *Wie heißen die Vertragsparteien eines **Werkvertrages** ?*

Unternehmer und Besteller (§ 631 BGB).

490. *Welches ist die wesentlichste Charakteristik eines Werkvertrages ?*

Der Unternehmer wird zur Herstellung eines Werks, der Besteller zur Entrichtung der vereinbarten Vergütung verpflichtet (§ 631 Abs.1 BGB).

491. *Welches ist das charakteristische Tatbestandsmerkmal eines Werkvertrages, wenn der Gegenstand des Werkvertrages durch Arbeit oder Dienstleistung herbeigeführt werden soll ?*

Maßgeblich ist die Verpflichtung zur **Herbeiführung** eines **Erfolgs** (§ 631 Abs.2 BGB).
Der **Werkvertrag** ist am **Erfolg** orientiert, während
der **Dienstvertrag** das Element der **Zeit** in den Vordergrund stellt.
(*Beispiel*: wenn mit einer Haushaltshilfe die Reinigung der Wohnung zu einem bestimmten Preis vereinbart wird, unabhängig davon, wie lange sie benötigt, dann handelt es sich um einen Werkvertrag. Wenn die Haushaltshilfe für die Reinigung der Wohnung nach Stunden bezahlt wird, dann handelt es sich um einen Dienstvertrag).

492. *Wie sind Dienstvertrag, Werkvertrag und Auftrag voneinander abzugrenzen ?*

Dienst- und Werkvertrag fordern eine entgeltliche Tätigkeit.
Der Auftrag beinhaltet ein unentgeltliches Tätigwerden.

Ein Werkvertrag unterscheidet sich vom Dienstvertrag dadurch, dass beim Werkvertrag der Erfolg (das Arbeitsergebnis) geschuldet wird, bei einem Dienstvertrag lediglich die Dienstleistung als solche.
Der Dienstvertrag verpflichtet zum „Wirken“, der Werkvertrag zum „Werk“.

493. *Wie unterscheiden sich **Werkvertrag** und **Werklieferungsvertrag** ?*

Beim Werkvertrag fertigt der Unternehmer das Werk aus einem vom Besteller zu liefernden Gegenstand (beispielsweise: Anfertigung eines Maßanzuges aus Stoffen, die der Kunde selbst mitbringt).
Beim Werklieferungsvertrag verwendet der Unternehmer sein eigenes Material.

494. *Ist die Veräußerung einer Sache, die der Veräußerer aus von ihm zu beschaffenden Stoffen eigens für den Kunden herstellen muss, ein **Kaufvertrag** oder ein Werkvertrag ?*

Es liegt Werklieferungsvertrag vor (§ 651 BGB).
Geht es um eine **nicht vertretbare Sache,** gilt weitgehend Werkvertragsrecht, daneben sind noch eine Reihe von kaufrechtlichen Bestimmungen anwendbar.

Stellen die vom Unternehmer zu beschaffenden Stoffe lediglich Zutaten oder Nebensachen dar, liegt gem. § 651 Abs. 2 BGB uneingeschränkt ein Werkvertrag vor. Handelt es sich um die Herstellung von vertretbaren Sachen, richtet sich das Vertragsverhältnis allein nach Kaufrecht.

495. *Wann wird der Anspruch auf den Werklohn fällig ?*

Die Vergütung ist bei Abnahme des Werks zu entrichten (§ 641 Abs.1 S. 1 BGB), soweit nichts anderes vereinbart ist.

496. *Was versteht man unter einem **Sachmangel** in einem **Werkvertrag** ?*

Der Begriff des Sachmangels in einem Werkvertrag ist in **§ 633 BGB** geregelt und entspricht dem Sachmängelbegriff im Kaufrecht.
Maßgeblich ist:

1. **vereinbarte Beschaffenheit;**
2. ohne eine vertragliche Vereinbarung:
   Eignung für die nach dem Vertrag **vorausgesetzte Verwendung**;
3. ohne vertraglich vorausgesetzte Verwendung:
   Eignung zur **gewöhnlichen Verwendung** und **Beschaffenheit**, die bei Werken gleicher Art **üblich** ist und die der Besteller nach der Art des Werkes erwarten kann.
4. Lieferung eines **anderen Werkes** und **Minderlieferungen** sind Sachmängel (§ 633 Abs.3 BGB).

497. *Welche **Rechte** hat der Besteller bei Lieferung eines **mangelhaften Werks** ?*

Die Rechte des Bestellers entsprechen im Grundsatz den Mängelrechten im Kaufrecht.
Der Besteller kann:

1. **Nacherfüllung** verlangen (§§ 634 Nr.1 BGB);
2. die Vergütung durch Erklärung gegenüber dem Unternehmer **mindern** (§ 638 Abs.1 Satz 1 BGB);
3. vom Vertrag **zurücktreten** (§§ 636, 323, 326 Abs.5 BGB);
4. den Mangel selbst beseitigen und Ersatz der erforderlichen **Aufwendungen** verlangen (§§ 637, 634 Nr.2 BGB);
5. **Schadensersatz** gemäß den jeweiligen Voraussetzungen verlangen (§§ 636, 280, 281 BGB).

498. *Welche Sicherungsmittel bietet das Gesetz dem Bauhandwerker ?*

Die Sicherungshypothek des § 648 BGB sowie die Sicherheitsleistung gemäß § 648 a BGB.

499. *Welche zusätzlichen Regelungen gelten häufig bei Bauverträgen ?*

Bei Bauverträgen wird in der Praxis häufig die Geltung der VOB vereinbart (=Verdingungsordnung für Bauleistungen). Bei der Verwendung gegenüber Verbrauchern handelt es sich um Allgemeine Geschäftsbedingungen, die uneingeschränkt der Kontrolle nach den §§ 305 ff. BGB unterliegen.

500. *Wann endet ein Werkvertrag ?*

Der Werkvertrag endet grundsätzlich mit der Fertigstellung und Abnahme des Werks und dessen Bezahlung, soweit nicht noch nachwirkende Ansprüche bestehen (z.B. Sachmängelansprüche nach § 633 ff. BGB).

501. *Kann der Besteller den Werkvertrag vorzeitig kündigen ?*

Der Besteller kann den Werkvertrag bis zur Vollendung des Werks jederzeit auch ohne Angabe von Gründen vorzeitig kündigen (§ 649 S.1 BGB).
Er bleibt dann jedoch ganz oder teilweise zur Zahlung des Werklohns verpflichtet (§ 649 Satz 2 BGB).

502. *Was versteht man unter der Abnahme (§ 640 BGB) ?*

Unter der Abnahme gem. § 640 BGB versteht man die körperliche Hinnahme des Werkes durch den Besteller verbunden mit der Erklärung, dass er das Werk als der Hauptsache nach vertragsgemäße Erfüllung anerkenne.
Die Abnahme darf bei kleineren Mängeln nicht verweigert werden.

503. *Welche Rechtswirkungen hat die Abnahme nach § 640 BGB ?*

Mit der Abnahme erlischt der allgemeine Erfüllungsanspruch des Bestellers und konkretisiert sich auf einen eventuellen Mängelbeseitigungsanspruch.
Der Vergütungsanspruch des Unternehmers wird fällig (§ 641 BGB), der Gefahrübergang findet statt (§§ 644, 645 BGB) und die Verjährung beginnt zu laufen (§ 634 a Abs.2 BGB).

§ 27. Darlehen §§ 488 ff. BGB

504. *Welche Formen des Darlehensvertrages unterscheidet das BGB ?*

a. Darlehensvertrag (Geldbetrag), (§ 488 BGB);
b. Verbraucherdarlehensvertrag (Geldbetrag), (§ 491 BGB);
c. Sachdarlehensvertrag (vertretbare Sache) (§ 607 BGB).

505. *Welche Hauptpflichten bestehen bei den Partnern eines **Darlehensvertrages** ?*

Der Darlehensgeber ist verpflichtet, dem Darlehensnehmer einen Geldbetrag zur Verfügung zustellen.
Der Darlehensnehmer ist verpflichtet, einen vereinbarten Zins zu zahlen und

das Darlehen bei Fälligkeit zurückzuerstatten.

506. *Was versteht man unter einem **Verbraucherdarlehensvertrag** ?*

Ein Verbraucherdarlehensvertrag ist ein entgeltlicher Darlehensvertrag zwischen einem Unternehmer als Darlehensgeber und einem Verbraucher als Darlehensnehmer (§ 491 BGB).

507. *Welches sind die wichtigsten Schutzvorschriften für Verbraucherdarlehensver träge ?*

1. Schriftformpflicht (§§ 492, 494, 126 BGB);
2. Mindestanforderungen an den schriftlich zu fixierenden Vertragsinhalt (§ 492 BGB);
3. Ermäßigung des Zinssatzes bei Fehlen wesentlicher Angaben auf 4 % (§§ 494, 246 BGB);
4. Widerrufsrecht (§§ 495 Abs.1, 355 Abs.1 BGB).

508. *Sie „leihen“ sich vom Nachbarn ein paar **Eier**. Um welchen Vertragstyp handelt es sich rechtlich ?*

Es handelt sich um einen **Sachdarlehensvertrag**, da nicht dieselben Eier zurückgegeben werden müssen (§ 607 BGB). Die vom Nachbarn „geliehenen“ Eier gehen in das Eigentum des „Eier-Entleihers“ über.
Bei einer Leihe muss die(selbe) geliehene Sache zurückgegeben werden (§ 598 BGB). Die Sache verbleibt im Eigentum des Verleihers.

§ 28. Reisevertrag §§ 651 a ff. BGB

509. *Was versteht man unter einem bei Reisevertrag ?*

Der Reisevertrag ist ein gegenseitiger Vertrag und der Sonderfall eines Werkvertrages.
Der **Reiseveranstalter** verpflichtet sich, dem **Reisenden** eine Gesamtheit von Reiseleistungen (=Reise) zu erbringen (§ 651 a Abs.1 S.1 BGB).
Der Reisende verpflichtet sich, den vereinbarten Reisepreis zu zahlen (651 a Abs.1 Satz 2 BGB).

510. *Was versteht man unter einer **"Gesamtheit" von Reiseleistungen** ?*

Eine Gesamtheit von Reiseleistungen erfordert mindestens **zwei Teilleistungen.**
(beispielsweise Beförderung und Unterkunft ohne Verpflegung oder Unterkunft und Verpflegung ohne Beförderung). Der Bundesgerichtshof hat sogar eine einzelne Reiseleistung für eine "entsprechende Anwendung" des § 651 a BGB als ausreichend angesehen im Falle der Vermietung eines **Ferienhauses** (BGH NJW 1992, 3158).

511. *Kann auch eine Privatperson ein Reiseveranstalter sein, wenn er eine Reise organisiert ?*

Ja, das ist möglich. Reiseveranstalter ist jeder, der eine Gesamtheit von Reiseleistungen als eigene Leistung anbietet (§§ 651 a ff. BGB). Auch ehrenamtliche Personen kommen als Reiseveranstalter in Betracht, eine gewerbsmäßige Tätigkeit ist nicht erforderlich (siehe § 651 k Abs.6 BGB).
Abzugrenzen ist in diesen Fällen die Reiseveranstaltung (§§ 651 a ff. BGB) von der bloßen Vermittlung einer Reise (§ 164 BGB).

512. *Welche Tätigkeit üben Reisebüros aus ?*

Reisebüros sind in der Regel lediglich Vermittler, die eine Handelsvertretertätigkeit ausüben (§§ 84 ff. BGB). Sie können auch Erfüllungsgehilfen des Reiseveranstalters sein (§ 278 BGB). Zwischen dem Reisebüro und dem Kunden besteht in der Regel ein Geschäftsbesorgungsvertrag (§ 675 BGB).

513. *Umschreiben Sie den Begriff des **Reisemangels**.*

Ein Reisemangel liegt vor, wenn die Reise nicht die **zugesicherten Eigenschaften** hat oder mit **Fehlern** behaftet ist, die den Wert oder die Tauglichkeit zu dem gewöhnlichen oder nach dem Vertrag vorausgesetzten Nutzen aufheben oder mindern (§ 651 c Abs.1 BGB).

514. *Nennen Sie Beispiele für **Reisemängel**.*

Mangel :
4 Std. Verspätung beim Hinflug einer **Kurzreise** (OLG Frankf. NJW-RR 97, 820);
Abbruch einer Kreuzfahrt wegen Auflaufens des **Schiffes auf** ein **Riff** (OLG Frankf. RRa 96,84);
Keine Warnung vor **Hurrikan** (OLG Frankf. RRa 01, 178);
Büffelangriff auf Safari (OLG München NJW-RR 99, 1358);
Ameisenplage im Zimmer (OLG Düss. NJW-RR 00, 199);
Kakerlaken im Bett (LG Frankf. NJW-RR 88, 245);
Anstatt eines Einbettzimmers ein **Doppelzimmer** mit **schnarchendem** Mitbewohner (AG Königstein NJW-RR 96, 178);
Buchung eines halben **Doppelzimmers**, das mit **jungem Mann belegt** ist, für 17-jähriges Mädchen (LG Ffm. NJW 84, 806);
Ein Hotel mit **Nackten** (FKK), wenn nicht vereinbart (AG Düss. NJW-RR 99, 1147);
Giftige Speisen im gebuchten Hotel (LG Düss. NJW-RR 01, 1063);
Selbstbedienungsbuffet mit **½ Std. Wartezeit** bei Vollpension (OLG Frankf. VersR 89, 820);
Ziegenbockangriff durch Mauerlücke (OLG Frankf. NJW RR 01, 52);
Fehlendes **Reisegepäck** während des gesamten Urlaubs (OLG Frankf. MDR 84, 667);
Pflicht im Hotel zum Tragen eines auffällig kennzeichnenden **Armbands** (OLG Frankf NJW-RR 00, 1161; a.A. OLG Düsseld. RRa 01, 49).

kein Mangel :

8 Std.Verspätung eines **Transatlantikfluges** (OLG Düss. NJW-RR 92, 1330);
Diebe in Ferienwohnung (AG Hamburg NJW-RR 99, 931);
Fehlendes **harmonisches Beischlaferlebnis** in 2 separaten Einzelbetten **auf rutschigen Fliesen** statt gebuchtem Doppelbett (AG Mönchengladbach v. 25.4.91 - 5 a C 106/91– Sendler NJW 95, 847);
Stechmücke an tropischem Strand (LG Hamburg NJW-RR 97, 1205).

515. *Was kann der Reisende aufgrund des Reisemangels verlangen ?*

Dem Reisenden stehen bei Reisemängeln folgende Recht zur Verfügung:
1. Abhilfe (§ 651 c BGB).
2. Minderung (§ 651 d BGB).
3. Kündigung (§ 651 e BGB).
4. Schadensersatz (§ 651 f BGB).

516. *Innerhalb welcher Frist müssen Reisemängel geltend gemacht werden ?*

Der Reisende hat Ansprüche innerhalb eines Monats nach der vertraglich vorgesehenen Beendigung der Reise gegenüber dem Reiseveranstalter geltend zu machen (§ 651 g BGB).

517. *Kann der Reisende vor Antritt der Reise jederzeit vom Vertrage **zurücktreten** ?*

Ja, das ist jederzeit möglich (§ 651 i BGB).
Dem Veranstalter steht eine angemessene Entschädigung zu (§ 651 i BGB).

§ 29. Schenkung §§ 516 ff. BGB

518. *Was versteht man unter einer **Schenkung** ?*

Eine Schenkung ist eine unentgeltliche Zuwendung, durch die jemand einen anderen aus seinem Vermögen bereichert (§ 516 BGB).

519. *Bedarf eine Vertrag, durch den eine schenkweise Leistung versprochen wird einer Form ?*

Dieser Schenkungsvertrag bedarf der **notariellen Beurkundung** (§ 518 BGB).

520. *Was versteht man unter einer „**Handschenkung**“ ?*

Unter einer Handschenkung versteht man die sofortige Vollziehung des Schenkungsversprechens.
Durch die Vollziehung wird die mangelnde Form des Schenkungsversprechens geheilt (§ 518 Abs.2 BGB).
Aus diesem Grund sind Schenkungen vielfach „formlos“ gültig.

521. *Entspricht das Sprichwort „**einem geschenkten Gaul schaut man nicht ins Maul**" der gesetzlichen Rechtslage ?*

Ja.
Der Schenker haftet nur in Ausnahmefällen für Sach- und Rechtsmängel (§§ 523, 524 BGB).
Der Schenker hat nur Vorsatz und grobe Fahrlässigkeit zu vertreten (§ 521 BGB).

522. *In welchem Rechtsbereich spielt die Schenkung eine wichtige Rolle ?*

Die Übertragung von Vermögensgegenständen von Eltern auf Kinder ist für die Einkommensteuer und für die Erbschaftsteuer häufig für die Familie vorteilhaft.

§ 30. Auftrag §§ 662 ff. BGB

523. *Was versteht man unter einem **Auftrag** ?*

Ein Auftrag ist **ein Vertrag**, in dem sich der Beauftragte verpflichtet, für den Auftraggeber ein Geschäft **unentgeltlich** zu besorgen (§ 662 BGB).
Im täglichen Leben verwendet man den Begriff Auftrag häufig auch für ein Angebot im Sinne von § 145 BGB. Vielfach spricht man auch von einem Auftrag, Die beiden namensgleichen Begriffe, Auftrag als Angebot gem. § 145 BGB und Auftrag als Vertrag gem. § 662 BGB dürfen nicht miteinander verwechselt werden.

524. *Für welche Verschuldensgrade haftet der Beauftragte nach Auftragsrecht ?*

Der Beauftragte hat jeden Grad von Fahrlässigkeit zu vertreten, obgleich er unentgeltlich tätig ist.

525. *Was versteht man unter einem **Geschäft** im Sinne von § 662 BGB ?*

Die Besorgung eines Geschäfts für den Auftraggeber bedeutet jede Tätigkeit im fremden Interesse.

§ 31. Geschäftsbesorgungsvertrag § 675 BGB

526. *Was versteht man unter einem **Geschäftsbesorgungsvertrag** ?*

Ein Geschäftsbesorgungsvertrag ist ein Dienstvertrag oder ein Werkvertrag, der eine Geschäftsbesorgung zum Gegenstand hat (§ 675 BGB).

527. *Aus welchem Grund sind zahlreiche Tätigkeiten im Dienstleistungsgewerbe sind „Geschäftsbesorgungsverträge" nach § 675 BGB.*

Auftragsrecht scheidet aus, da Aufträge unentgeltlich sind.

Dienstvertragsrecht kommt scheidet aus, weil es insbesondere bei freien Berufen an der Weisungsunterworfenheit fehlt.
Werkvertragsrecht kommt nicht zur Anwendung, wenn nicht der Erfolg, sondern lediglich die Tätigkeit geschuldet wird.

528. *Nennen Sie Beispiele für Geschäftsbesorgungsverträge.*

Geschäftsbesorgungsverträge sind beispielsweise Verträge mit Ärzten und Rechtsanwälten.

§ 32. Bürgschaft §§ 765 ff. BGB

529. *Was versteht man unter einer **Bürgschaft** ?*

In einem Bürgschaftsvertrag verpflichtet sich der Bürge gegenüber dem Gläubiger für die Schuld eines Dritten einzustehen (§ 765 BGB).

530. *Ist eine **mündlich** eingegangene Bürgschaft wirksam ?*

Die Bürgschafts**erklärung des Bürgen** bedarf zu ihrer Wirksamkeit der Schriftform (§ 766 BGB).
Formfrei ist die Bürgschaft des Kaufmanns als Handelsgeschäft (§ 350 HGB).

531. *Welche Angaben muss die schriftliche Bürgschaftserklärung enthalten ?*

In der Schriftform des § 766 BGB muss enthalten sein:
1. die Person des Bürgen,
2. die Person des Gläubigers,
3. die Person des Hauptschuldners der gesicherten Forderung,
4. die Bezeichnung der Forderung, die verbürgt werden soll,
5. die Übernahmeverpflichtung einer Bürgschaft durch den Bürgen.

532. *Genügt eine Blankounterschrift des Bürgen, wenn der Bürge einen Dritten (z.B. auch ein Kreditinstitut) mündlich ermächtigt, die Bürgschaftsurkunde zu vervollständigen ?*

Nein, das genügt nicht. Die Bürgschaft ist nichtig. Bei formbedürftigen Bürgschaften ist es entgegen § 167 BGB erforderlich, eine Vollmacht oder eine Befugnis zur Ausfüllung des Blanketts schriftlich zu erteilen.

533. *Inwiefern ist die Bürgschaft von der zu sichernden Hauptschuld abhängig ?*

Gem. § 767 BGB ist für die Verpflichtung des Bürgen der jeweilige Bestand der Hauptverbindlichkeit maßgebend.
Nach § 768 BGB kann der Bürge alle die dem Hauptschuldner zustehenden Einreden geltend machen.

534. *Mit welchem Begriff wird diese Abhängigkeit bezeichnet ?*

Die Abhängigkeit eines Sicherungsrechts vom Bestehen und vom Umfang des zu sichernden Rechts bezeichnet man mit dem Fremdwort **„Akzessorietät“.**

535. *Erläutern Sie den Grundsatz der "**Akzessorietät**" im Kreditsicherungsrecht an den Rechtsinstituten: **Bürgschaft** und **Garantie**.*

Die Bürgschaft ist eine klassische akzessorische Personalsicherheit.
Gem. § 767 BGB ist für die Verpflichtung des Bürgen der jeweilige Bestand der Hauptverbindlichkeit maßgebend. Nach § 768 BGB kann der Bürge alle die dem Hauptschuldner zustehenden Einreden geltend machen.
Die Bürgschaft ist in ihrem Bestehen und in ihrem Umfang von dem zu sichernden Recht abhängig ist.

Den akzessorischen Sicherungsrechten stehen die nicht akzessorischen Sicherungsrechte gegenüber. Eine derartigen nicht akzessorische Personalsicherheit ist die **Garantie**. Sie ist gesetzlich nicht geregelt und wird in der Praxis im Wege der Vertragsfreiheit vereinbart. Häufig findet sich die Vertragsklausel: Zahlung erfolgt „**auf erstes Anfordern**“.

536. *Ändert sich die Bürgschaftsverpflichtung kraft ihrer Akzessorietät, wenn der Gläubiger mit dem Hauptschuldner die Erhöhung der gesicherten Hauptschuld (Kreditvaluta) vereinbart ?*

Nein.
Durch ein Rechtsgeschäft der Hauptschuldner nach der Übernahme der Bürgschaft vornimmt, wird die Verpflichtung des Bürgen nicht erweitert.

537. *Nennen Sie weitere **akzessorische Sicherungsrechte** neben der Bürgschaft.*

Pfandrecht und Hypothek.

538. *Nennen Sie **abstrakte Sicherungsrechte**.*

Sicherungsübereignung, Sicherungsabtretung, Grundschuld und Garantie.

539. *Was verstehen Sie unter dem Begriff der **Einrede der Vorausklage** ?*

Ein Bürge kann die Befriedigung des Gläubigers verweigern, wenn dieser nicht ein Zwangsvollstreckung gegen den Hauptschuldner ohne Erfolg versucht hat (§ 771 BGB).

540. *Was versteht man unter einer **selbstschuldnerischen Bürgschaft** ?*

Der selbstschuldnerische Bürge verzichtet auf die Geltendmachung der Einrede

der Vorausklage (§ 773 Abs.1, 771 BGB).
Bei einer einfachen, nicht selbstschuldnerischen Bürgschaft kann der Bürge die Befriedigung des Gläubigers verweigern, wenn dieser nicht ein Zwangsvollstreckung gegen den Hauptschuldner ohne Erfolg versucht hat (§ 771 BGB).

541. *Unter welchen Voraussetzungen sind Bürgschaften von Familienangehörigen des Hauptschuldners sittenwidrig und nach § 138 BGB nichtig ?*

Eine Bürgschaftsübernahme ist nach § 138 BGB sittenwidrig, wenn der Bürge die Bürgschaft wegen der emotionalen Verbundenheit mit Familienangehörigen übernommen hat und dabei finanziell krass überfordert ist, beispielsweise nicht einmal die laufenden Zinsen zahlen kann und ein Kreditinstitut die emotionale Beziehung zum Hauptschuldner in sittlich anstößiger Weise ausgenutzt hat (ständige Rechtsprechung des BGH vgl. BGH NJW 2005, 971).

542. *Welche **Regress**möglichkeiten hat der Bürge, wenn er vom Gläubiger in Anspruch genommen wurde ?*

1. Die Forderung des Gläubigers gegen den Hauptschuldner geht auf ihn über (§ 774 BGB).
2. Ein vertraglicher Anspruch gegen den Hauptschuldner besteht, wenn der Hauptschuldner den Bürgen zur Übernahme der Bürgschaft beauftragt hat nach §§ 662, 670 BGB.

§ 33. Schuldversprechen, Schuldanerkenntnis § 780 ff. BGB

543. *Was versteht man unter einem **Schuldversprechen** ?*

Das Schuldversprechen ist ein Vertrag, mit dem eine Leistung in der Weise versprochen wird, dass das Versprechen die Leistung selbständig begründen soll (§ 780 BGB).

544. *Was versteht man unter einem **Schuldanerkenntnis** ?*

Das Schuldanerkenntnis ist ein Vertrag, durch den das Bestehen eines Schuldverhältnisses anerkannt wird (§ 781 BGB).

545. *Wie unterscheiden sich **Schuldversprechen** und **Schuldanerkenntnis** ?*

Ein Unterschied besteht lediglich in der Formulierung des jeweiligen Vertrags.

§ 34. Vergleich § 779 BGB

546. *Welche Voraussetzungen bestehen für einen **Vergleich** ?*

Der Vergleich ist ein Vertrag, durch den ein Streit oder die Ungewissheit der

Parteien über ein Rechtsverhältnis im Wege gegenseitigen Nachgebens beseitigt wird (§ 779 BGB).

Teil 4. Gesetzliche Schuldverhältnisse

547. *Was versteht man unter gesetzlichen Schuldverhältnissen ?*

Gesetzliche Schuldverhältnisse entstehen kraft Gesetzes, **ohne** dass es einer **Willenserklärung** der Beteiligten bedarf. Die wichtigsten gesetzlichen Schuldverhältnisse sind :

1. Das Eigentümer – Besitzerverhältnis (§§ 985, 986 BGB;
2. Die unerlaubten Handlungen (§§ 823 ff. BGB);
3. Die ungerechtfertigte Bereicherung (§§ 812 ff. BGB):
4. Geschäftsführung ohne Auftrag (§§ BGB):

548. *In welchem Rechtsgebiet finden wir das Eigentümer-Besitzer Verhältnis der §§ 985 ff. BGB ?*

Das Eigentümer-Besitzer Verhältnis ist im Sachenrecht geregelt.

§ 35. Geschäftsführung ohne Auftrag

549. *Was versteht man unter einer Geschäftsführung ohne Auftrag ?*

Die Geschäftsführung ohne Auftrag erfaßt den Fall, dass jemand im Interessenkreis eines anderen tätig wird, ohne hierzu durch vertragliche Vereinbarung mit dem Betroffenen oder sonst kraft gesetzlicher Regelung beauftragt oder berechtigt zu sein (§§ 677 ff. BGB).
Entspricht dieses Handeln aber gleichwohl dem mutmaßlichen oder wirklichen Willen desjenigen, dessen Geschäft besorgt wird oder muss es von ihm geduldet werden (§ 683 BGB), entsteht zwischen Geschäftsführer und Geschäftsherrn ein gesetzliches Schuldverhältnis. Auf dieses sind die Regelungen über den Auftrag anzuwenden, die die Vorschriften über den Ausgleich einer ungerechtfertigten Bereicherung und über den Schadensersatz wegen einer unerlaubten Handlung verdrängen, die sonst einschlägig sein würden.

§ 36. Ungerechtfertigte Bereicherung §§ 812 ff. BGB

550. *Was ist unter einer „**Bereicherung**" gem. § 812 BGB zu verstehen ?*

Bereicherung ist jede Verbesserung der Vermögensverhältnisse gegenüber der Lage, in der sich das Vermögen ohne das in Frage stehende Ereignis befunden hätte.

Beispielsweise zählen hierzu:
- der Erwerb vermögenswerter Rechte,
- der Erwerb des Besitzes an Sachen,
- Vorteile aus dem Gebrauch oder Verbrauch von Sachen, die üblicherweise nur gegen Entgelt zur Verfügung gestellt werden, so dass die Leistung dieses Entgelts eingespart werden konnte;
- die Befreiung von Verbindlichkeiten;
- die Ersparnis von Aufwendungen, die andernfalls aus dem eigenen Vermögen hätten geleistet werden müssen.

551. *Welches sind die beiden Grundtatbestände des Bereicherungsrechts (§§ 812 ff. BGB) ?*

Man unterscheidet zwischen einer
- Bereicherung **durch eine "Leistung"**
  (d.h. durch die gezielte und gewollte Vermehrung des Vermögens eines anderen) oder einer

  Leistungskondiktion
- Bereicherung **in sonstiger Weise**
  (durch einen nicht gerechtfertigten Eingriff in das Vermögen eines anderen; daraus leitet sich der Ausdruck "Eingriffskondiktion" ab).

552. *Wann liegt eine Bereicherung **"ohne rechtlichen Grund"** vor ?*

Sinn des Bereicherungsrechts ist es, eine Vermögensverschiebung rückgängig zu machen, die objektiv nicht gerechtfertigt ist.
Bereicherungen daher dann ohne rechtlichen Grund erlangt, wenn sie materiell vom Gesetz nicht gerechtfertigt angesehen werden. Dies liegt beispielsweise vor, wenn ein Schuldverhältnis in Wirklichkeit nicht besteht, das der Leistende erfüllen will.

553. *Welche Voraussetzungen müssen für die **Leistungskondiktion** erfüllt sein ?*

Bei einer Leistungskondiktion muss
1. jemand "etwas erlangt" haben,
2. durch die "Leistung eines anderen",
3. "ohne rechtlichen Grund".

TBM
1. etwas erlangt
2. durch Leistung eines andern
3. ohne rechtlichen Grund

554. *Was ist eine "Leistung" im Sinne einer Leistungskondiktion ?*

Leistung ist "jede bewusste und zweckgerichtete Vermehrung fremden Vermögens".

555. *Wann erfolgt eine Leistung "ohne rechtlichen Grund" ?*

Eine Leistung ist ohne Rechtsgrund erfolgt, wenn für diese Leistung kein Anspruch bestand, beispielsweise wird eine Sache übereignet, obgleich der zu-

grunde liegende Kaufvertrag wegen Gesetzesverstoß nach § 134 BGB oder wegen einer Irrtumsanfechtung nach § 142 BGB nichtig war.
Wegen des Abstraktionsgrundsatzes im deutschen Recht ist das Verfügungsgeschäft wirksam, auch wenn das Verpflichtungsgeschäft nichtig ist. Durch das Bereicherungsrecht erfolgt die Rückabwicklung.

Eselsbrücke : Mit dem Bereicherungsrecht heilt das Gesetz die Wunden, die es mit dem Abstraktionsgrundsatz schlug.

556. *Was kommt als Bereicherung des Schuldners in Betracht ?*

In Betracht kommt jede Vermögensveränderung, durch die sich die Vermögenslage des Schuldners verbessert hat.

557. *Was versteht man unter einer **Eingriffskondiktion** ?*

Die Terminologie ist nicht einheitlich.
Charakteristisch ist für eine Eingriffskondiktion, dass eine Bereicherung durch den Eingriff eines Dritten oder ohne menschliches Zutun eintritt (z.B. Diebstahl).

558. *Welches sind die Rechtsfolgen, wenn beim Schuldner die Bereicherung weggefallen ist ?*

Eine Verpflichtung oder Ersatz des Wertes der erlangten Bereicherung ist ausgeschlossen, soweit der Empfänger nicht mehr bereichert ist (§ 818 Abs.3 BGB).
Das ist eine weitreichende und einmalige Entscheidung des Gesetzgebers.
Damit wird der Bereicherungsanspruch zum schwächsten aller Ansprüche, denn etwas Entsprechendes gibt es bei keiner anderen Anspruchsgrundlage.
(Beispiel: Jemand erhält durch ein Versehen einen Lottogewinn ausbezahlt und verprasst vor Freude viel von dem "gewonnenen" Geld in Unkenntnis des Fehlers der Lottogesellschaft sinnlos. Die Bereicherung ist weggefallen)

559. *Wann greift eine verschärfte Bereicherungshaftung ein ?*

Eine verschärfte Haftung, ohne dass sich der Bereicherte auf den Wegfall der Bereicherung berufen könnte, tritt nach §§ 818 Abs.4, 819 BGB ein, wenn er

- den Mangel des rechtlichen Grundes kannte oder ihn später erfährt,
- wenn er durch die Leistungsannahme gegen die guten Sitten oder gegen das Gesetz verstößt,
- wenn Rechtshängigkeit eintritt (wenn er also verklagt wird).

§ 37. Unerlaubte Handlungen Fragen 560 - 581

560. *Gibt es im deutschen Recht einen **allgemeinen Rechtsgrundsatz** wonach jeder, der einem anderen einen Schaden zufügt, diesen auch ersetzen muss ?*

Nein, es gibt lediglich einzelne Bestimmungen mit jeweils einzeln aufgeführten

Voraussetzungen.

561. *Wie ist der Tatbestand des § 823 Abs. 1 BGB aufgebaut ?*

1. **Verletzung eines absoluten Rechts**
2. **Verletzungshandlung**
   a. Verletzungshandlung durch positives Tun
   b. Verletzungshandlung durch Unterlassen
3. **Haftungsbegründende Kausalität**
4. **Rechtswidrigkeit** → kein Rechtfertigungsgrund
5. **Verschulden**
   a. Vorsatz
   b. Fahrlässigkeit (§ 276 BGB)
6. **Schaden** (§§ 249 ff. BGB)
7. **Haftungsausfüllende Kausalität.**

562. *Was versteht man unter der **haftungsbegründenden Kausalität** ?*

Unter der haftungsbegründenden Kausalität versteht man den Ursachenzusammenhang zwischen dem verletzenden Verhalten und der Verletzung des Rechtsguts.

563. *Was versteht man unter der **Adäquanztheorie** ?*

Nach der Adäquanztheorie wird im Zivilrecht die Kausalität geprüft.
Ursache ist jede Bedingung, die nicht hinweggedacht werden kann, ohne dass der Erfolg entfiele. Von diesen sehr weitreichenden Bedingungen werden alle diejenigen Ursachen ausgeschieden, die nach allgemeiner Lebenserfahrung nur durch einen besonders eigenartigen, ganz unwahrscheinlichen Verlauf der Dinge zu dem Schaden geführt haben (**Adäquanztheorie:** nicht angemessen = nicht adäquat).

564. *Kann man eine unerlaubte Handlung auch **durch Unterlassen** begehen ?*

Ja, wenn man ein Pflicht zum Handeln hat.
Eine derartige Pflicht kann sich aus unterschiedlichsten Gründen ergeben, beispielsweise wenn man neben einem Verletzten steht, der Hilfe benötigt - den weit Entfernten, der von dem Unglück etwa nichts weiß, trifft diese Pflicht nicht. Eine Pflicht kann sich weiterhin beispielsweise aus Vertrag oder aus einer sog. Verkehrssicherungspflicht ergeben.

565. *Was ist als **"sonstiges Recht"** im Sinne des § 823 Abs. 1 BGB zu verstehen ?*

Hierunter sind alle absoluten Rechte zu verstehen.
Absolute Rechte wirken gegen jedermann, wie beispielsweise das Eigentumsrecht. Der Eigentümer einer Sache hat das Recht gegen jedermann, dass sein

Eigentum nicht verletzt wird.
Zu den absoluten Rechten zählen beispielsweise das Namensrecht, das allgemeine Persönlichkeitsrecht, ein Urheberrecht, ein Patentrecht, die beschränkten dinglichen Rechte, der rechtmäßige Besitz an Sachen, oder unter bestimmten Voraussetzungen das sog. Recht am eingerichteten und ausgeübten Gewerbebetrieb.

566. *Was versteht man unter sog.* ***"relativen Rechten"*** *?*

Relative Rechte sind von den sog. "absoluten Rechten" zu unterscheiden. Relative Rechte sind Rechtspositionen, die nur gegen einen oder mehrere bestimmte Personen wirken, wie beispielsweise das Recht des Verkäufers gegen den Käufer auf Zahlung des vereinbarten Kaufpreises..

567. *Ist jede Handlung, die zu einem* ***Vermögensschaden*** *führt, eine „Verletzung" fremden "Eigentums" gem. § 823 Abs. 1 BGB ?*

Nein.
Eine Eigentumsverletzung gem. § 823 Abs. 1 BGB ist die Einwirkung auf eine fremde Sache (z.B. durch Wegnahme der Sache).
Zum Vermögen gehören jedoch auch Forderungen. Forderungen sind keine absoluten Rechte.
Nicht jede Handlung, die zu einem Vermögensschaden führt, ist eine Verletzung eines absoluten Rechts. Das Vermögen als solches ist kein Schutzgut gem. § 823 Abs. 1 BGB.

568. *Ist eine unerlaubte Handlung stets* ***rechtswidrig*** *?*

Grundsätzlich ist jede Rechtsverletzung „automatisch" rechtswidrig. Der Eingriff in eines der in § 823 Abs. 1 BGB aufgeführten Schutzgüter ist als solcher rechtswidrig, da ja ein absolutes „Recht" verletzt worden ist.
Die Rechtswidrigkeit kann jedoch im Einzelfall ausgeschlossen sein, wenn für die Schutzgutsverletzung ausnahmsweise ein Rechtfertigungsgrund vorliegt (beispielsweise Beschädigung einer Sache zur Abwehr einer von dieser ausgehenden Gefahr).

569. *Nennen Sie* ***Rechtfertigungsgründe****, die die Rechtswidrigkeit ausschließen.*

Notwehr (§ 227 BGB); Selbsthilfe (§ 229 BGB); Einwilligung des Verletzten.

570. *Wer haftet für den Schaden aus einer unerlaubten Handlung ?*

Grundsätzlich haftet nur diejenige Person, die die ursächliche Handlung persönlich, schuldhaft und rechtswidrig vorgenommen hat.

571. *Haftet man unter Umständen auch für die unerlaubten Handlungen dritter Personen ?*

Ja.
Eine Haftung für unerlaubte Handlungen von dritten Personen tritt ein, wenn es sich um für Verrichtungsgehilfen nach § 831 BGB handelt, weiterhin bei Verletzung der Aufsichtspflicht über nicht deliktsfähige Personen gem. § 832 BGB und schließlich haften juristische Personen für ihre Organe nach §§ 30, 31 BGB.

572. *Wer haftet, wenn eine unerlaubte Handlung durch mehrere Personen begangen worden ist ?*

Bei gemeinschaftlicher Schädigung haftet jeder Mittäter, Anstifter oder Gehilfe für den gesamten Schaden, unabhängig von der Ursächlichkeit seines individuellen Tatbeitrags (§ 830 Abs. 1 BGB).
Alle Beteiligten müssen für den Schaden als Gesamtschuldner einstehen (§§ 840 Abs. 1, 421 BGB).

573. *Haftet eine Aktiengesellschaft für unerlaubte Handlungen ihrer Vorstandsmitglieder ?* AG haftet für UH Vorstandsmitglieder ! keine Exkulp.

Eine Aktiengesellschaft haftet für die unerlaubten Handlungen ihrer Vorstandsmitglieder in analoger Anwendung des **§ 31 BGB,** ohne die Möglichkeit sich zu exkulpieren, wie dies bei der Haftung nach § 831 BGB der Fall ist. Vorstandsmitglieder einer AG sind keine Verrichtungsgehilfen, da sie nicht weisungsgebunden sind.
Eine **Exkulpationsmöglichkeit** besteht für die Aktiengesellschaft **nicht.**

574. *Haftet eine Aktiengesellschaft für unerlaubte Handlungen ihrer Mitarbeiter ?* AG haftet für Mitarbeiter → Verrichtungsgehilfe ggf. exkulpieren

Eine Aktiengesellschaft haftet für die unerlaubten Handlungen ihrer **Mitarbeiter** nach den Voraussetzungen des **§ 831 BGB** mit der Möglichkeit, sich zu **exkulpieren**.

575. *Worin besteht der* ***Unterschied*** *zwischen der Haftung für* ***Erfüllungsgehilfen*** *nach § 278 BGB und der Haftung für* ***Verrichtungsgehilfen*** *nach § 831 BGB ?*

Erfüllungsgehilfe nach § 278 BGB
Die Anwendung des § 278 BGB setzt **ein Schuldverhältnis** zwischen dem Geschädigten und demjenigen voraus, der für das Handeln des dritten Schädigers aufkommen soll. Das ist im Falle des § 831 BGB nicht der Fall.
Der Schaden muss als Folge der **Verletzung von Pflichten aus diesem Schuldverhältnis** eingetreten sein.
Der Schädiger muss von demjenigen, der für den Schaden aufkommen soll zur Erfüllung dieser Pflichten eingesetzt worden sein.
In diesem Fall haftet der Schuldner für den entstandenen Schaden in gleicher Weise, wie wenn er die zur Pflichtverletzung führende Handlung selbst began-

gen hätte.

Verrichtungsgehilfe nach § 831 BGB
Die Haftung nach § 831 BGB setzt einen Schaden als Folge eines widerrechtlichen Handelns gem. § 823 ff. BGB voraus.
Derjenige, der für den Schaden aufkommen soll, muss den konkret handelnden Schädiger mit der Verrichtung betraut haben, bei deren Ausführung es zu der fraglichen Schädigung gekommen ist. Der Auftraggeber kann sich jedoch nach § 831 Abs. 1 Satz 2 BGB von der Verantwortung für den Schaden freistellen, wenn er beweist, dass er den Verrichtungsgehilfen sorgfältig ausgewählt, mit dem richtigen Arbeitsmaterial ausgestattet und soweit notwendig sorgfältig angeleitet und überwacht hat.

576. *Können Ansprüche aus unerlaubten Handlungen neben vertraglichen Ansprüchen bestehen ?*

Ja, das ist möglich.
Eine unerlaubte Handlung kann innerhalb einer vertraglichen Beziehung begangen werden. Dann besteht eine Schadensersatzanspruch sowohl wegen einer Vertragsverletzung nach § 280 BGB als auch wegen einer unerlaubten Handlung nach §§ 823 ff. BGB.

577. *Was versteht man unter einer **Gefährdungshaftung** im Unterschied zur Ver schuldenshaftung ?*

Bei einer *Gefährdungshaftung*
tritt im Schadensfall eine Haftung ein, ohne dass ein Verschulden erforderlich ist. Die Schadensersatzpflicht ist unabhängig davon, ob der Ersatzpflichtige den Unfall verschuldet hat, ob er überhaupt selbst gehandelt hat oder ob das Schadensereignis überhaupt auf menschliches Versagen zurückzuführen ist. Die Gefährdungshaftung knüpft an die Konkretisierung einer spezifischen **Betriebsgefahr** an und macht für dessen Folgen denjenigen ausgleichspflichtig, der die Handlung veranlaßt hat bzw. das Gerät oder die Einrichtung betreibt oder betreiben läßt (beispielsweise Kraftfahrzeuge, Eisenbahnen, Atomkraftanlagen). Die Ersatzpflicht ist in manchen Bereichen auf Höchstbeträge begrenzt.
Bei einer *Verschuldenshaftung* ist ein Verschulden erforderlich, wie beispielsweise bei einer unerlaubten Handlung gem. § 823 BGB.

578. Nennen Sie Beispiele für eine Gefährdungshaftung.

1871: Betreiber von **Eisenbahnen** (Reichshaftpflichtgesetz)
1900: **Tierhalterhaftung (§ 833 BGB)**
1908: Halter von **Kraftfahrzeugen (StraßenverkehrsG)**
1922: Halter eines Luftfahrzeuges (LuftverkehrsG)
1943: Inhaber von Anlagen zur Erzeugung oder Abgabe von Elektrizität und Gas (Reichshaft pflichtG)
1957: Einleiter von Stoffen in ein Gewässer (WasserhaushaltsG)

1959: Inhaber einer Anlage zur Kernspaltung (AtomG)
1976: Arzneimittelhersteller (geändert zum 1.8.2002) (§ 84 ArzneimittelG)
1977: Inhaber einer Anlage zur Erzeugung oder Abgabe von Dämpfen oder Flüssigkeiten (Haftpflicht G)
1990: Betreiber gentechnischer Anlagen (GentechnikG)
1990: Hersteller von **Produkten** **(ProdukthaftungsG)**
1991: Inhaber einer umweltgefährdenden Anlage (UmwelthaftungsG).

579. *Wer ist **Halter** eines Kraftfahrzeugs oder eines Tieres ?*

Halter ist derjenige,
- der tatsächlich über das Tier oder das Fahrzeug verfügen kann,
- hierüber auch zu entscheiden befugt ist und
- in dessen zumindest allgemeinem Interesse die Nutzung erfolgt.

Der Halter braucht nicht notwendig auch Eigentümer des Tieres oder der Sache zu sein.

580. *Spielt neben der Haftung aus dem StVG auch die aus dem BGB eine Rolle ?*

Ja. Die Haftung aus dem StVG ist der Höhe nach limitiert.
Die Schadensersatzpflicht nach dem BGB ist nicht begrenzt.

581. *Der Umfang des zu ersetzenden Schadens ist in § 823 Abs.1 BGB nicht geregelt. Wo findet sich die Regelung im BGB ?*

In den §§ 249 ff. BGB.

Teil 5. Sachenrecht Fragen 582 - 730

§ 38. Grundsätze des Sachenrechts

582. *Worin besteht der Unterschied zwischen dem Schuldrecht und dem Sachenrecht ?*

Das Schuldrecht befasst sich mit der Regelung der Rechtsbeziehungen zwischen Personen (= schuldrechtliche Forderungen (beispielsweise Ansprüche aus Kaufverträgen gem. § 433 BGB)).
Das Sachenrecht befasst sich mit den Rechten der Personen an Sachen (= dingliche Rechte, z.B. Eigentum, Pfandrecht, Hypothek)

583. *Inwiefern unterscheiden sich dingliche Rechte von schuldrechtlichen Ansprüchen ?*

Dingliche Rechte wirken als absolute Rechte gegenüber jedermann. Das umfassendste dingliche Recht ist das Eigentum.
Schuldrechtliche Ansprüche begründen relative Rechtsbeziehungen zwischen dem Schuldner und dem jeweiligen Gläubiger.

584. *Nennen Sie Grundsätze des Sachenrechts.*

Die das gesamte Sachenrecht beherrschenden Grundsätze sind:
- das Publizitätsprinzip,
- der Grundsatz des numerus clausus der Sachenrechte,
- der Bestimmtheitsgrundsatz und
- das Abstraktionsprinzip.

585. *Erläutern Sie das* ***Publizitätsprinzip****.*

Sachenrechte sind als absolute Rechte von jedermann zu beachten. Das Publizitätsprinzip soll weitestgehend gewährleisten, dass für jedermann erkennbar ist, wer Inhaber des Rechts ist.
Für Grundstücksrechte wird das durch das Grundbuch gewährleistet (§ 891 BGB). Bei den beweglichen Sachen gibt es kein entsprechendes Register. Allerdings begründet der Besitz eine Eigentumsvermutung für den Besitzer (§ 1006 BGB).

586. *Erläutern Sie den Grundsatz des **numerus clausus** der Sachenrechte anhand ei nes Beispiels.*

Dieser Grundsatz besagt, dass die denkbaren Rechte an Sachen im **Gesetz abschließend** geregelt worden sind. Sie können nicht durch Verträge erweitert werden.
Man spricht auch von einem sog. **Typenzwang**.

587. *Erläutern Sie den **Bestimmtheitsgrundsatz***

Der Bestimmtheitsgrundsatz bedeutet, dass die dinglichen Rechte nur an jeweils einzelnen, individuellen Sachen bestehen. Beispielsweise bestehen an zwei Büchern zwei verschiedene Eigentumsrechte. Die dinglichen Rechtsgeschäfte müssen sich auf konkrete, individuelle, einzelne Sachen beziehen.
Demgemäß muss bei einer Übereignung einer Sachgesamtheit (z.B. eine Bibliothek) jede einzelne Sache individuell übereignet werden.
Wichtig ist dies beispielsweise bei der Veräußerung eines Unternehmens. Hier muss jedes Kraftfahrzeug, jede Maschine getrennt übereignet werden.

588. *Was verstehen Sie unter dem **Abstraktionsprinzip** ?*

Das Abstraktions- oder Trennungsprinzip besagt, dass streng zwischen schuldrechtlichen Verpflichtungsgeschäften und den sachenrechtlichen Verfügungsgeschäften zu unterscheiden ist.

589. *Erläutern Sie bitte die Auswirkungen des Abstraktionsprinzips an einem Beispiel.*

Der Abschluss eines „Kaufvertrages“ gem. § 433 BGB führt nicht bereits zum Eigentumsübergang der Kaufsache. Wenn ich eine Sache gekauft habe, bin ich noch nicht deren Eigentümer. Der Kaufvertrag ist ein Verpflichtungsgeschäft.
Es werden Rechte
zum Entstehen gebracht, das Forderungsrecht auf den Kaufpreis und das Forderungsrecht auf Übereignung der gekauften Sache.
(Für den Eigentumsübergang ist unabhängig („abstrakt“) von dem Kaufvertrag eine den Anforderungen der §§ 929 ff. BGB genügende Übereignung erforderlich.
Die Übereignung ist das Verfügungsgeschäft, es wird ein Recht übertragen.
Der schuldrechtliche und der dingliche Vertrag sind unabhängig voneinander

wirksam.
Die Übereignung kann zwar zeitlich mit dem Kaufvertragsabschluss zusammenfallen (sog. Handkauf). Kaufvertrag und Übereignung können jedoch auch auseinanderfallen (z.B. bei einem Kauf auf Bestellung).

§ 39. Sachen § 90 ff. BGB

590. *Was versteht das BGB unter einer Sache ?*

Sachen im Sinne des Gesetzes sind nur körperliche Gegenstände (§ 90 BGB). Es sind räumliche abgegrenzte und physisch fassbare Objekte, unabhängig von ihrem Aggregatzustand fest, flüssig oder gasförmig. Eine Sache muss beherrschbar sein. Die freie Luft, das Wasser des Meeres oder eine Skilanglaufloipe sind keine "Sachen" im Sinne des Gesetzes.

591. *Wie unterscheiden sich die **Sachen** von den **Rechten** ?*

Rechte sind die unkörperlichen, „gedachte" Gegenstände (z.B. Forderungen).

592. *Welche verschiedenen Arten von Sachen unterscheidet das Gesetz ?*

Das Gesetz unterscheidet zwischen
- beweglichen und unbeweglichen,
- vertretbaren, unvertretbaren und
- verbrauchbaren Sachen.

593. *Was versteht man unter vertretbaren Sachen ?*

Vertretbare Sachen sind bewegliche Sachen, die „im Verkehr nach Zahl, Maß oder Gewicht bestimmt zu werden pflegen" (§ 91 BGB). Beispiele: Geld, Getreide, Benzin, Glühbirnen, Messer, Gabeln. Vertretbare Sachen sind häufig Gegenstand von Gattungsschulden.
Unvertretbar sind beispielsweise der maßgeschneiderte Anzug, ein konkretes Oldtimer-Auto.

594. *Was versteht man unter verbrauchbaren Sachen ?*

Verbrauchbare Sachen sind bewegliche Sachen, deren „bestimmungsmäßiger Gebrauch in dem Verbrauch oder in der Veräußerung besteht" (§ 92 BGB). Beispiel: Lebensmittel.

595. *Wie sind Grundstücke unter dem Gesichtspunkt der „Sache" zu definieren ?*

Grundstücke sind **unbewegliche Sachen** („Immobilien"). Grundstücke sind abgegrenzte Teile der Erdoberfläche, die katastermäßig vermessen und mit ihrer Parzellenbezeichnung im Bestandsverzeichnis des Grundbuchs eingetragen sind. Eine oder mehrere im Bestandsverzeichnis unter derselben Ordnungsnummer eingetragene Parzelle bilden ohne Rücksicht auf den tatsächlichen Zustand des Areals ein Grundstück im Rechtssinne.

596. *Kann z.B. eine Skilanglauf-Loipe oder ein Fluss eine Sache sein ?*

Nein. Eine Langlauf-Loipe ist keine Sache. Auch ein Fluss ist keine Sache, da das fließende Wasser nicht fassbar ist. Wohl aber ist das Gelände, über den die Loipe führt oder der Fluss fließt, als Grundstück eine Sache.

597. *Sind Tiere Sachen ?*

Nein, Tiere sind keine Sachen im Sinne des § 90 BGB.
Allerdings sind die für Sachen geltenden Vorschriften anwendbar (§ 90 a BGB).
Der Tierfreund ist Eigentümer seines Haustieres; der Bauer ist Eigentümer seiner Kühe, u.s.w.

598. *Was versteht man unter dem Begriff* ***"Wesentlicher Bestandteil"*** *und dessen wichtigen Rechtsfolgen ?*

Wesentliche Bestandteile einer Sache sind solche Bestandteile, die von der Sache nicht getrennt werden können, ohne dass sie oder der übrig bleibende Rest der Sache in ihrem Wesen verändert oder zerstört werden (§ 93 BGB).
Nicht maßgebend ist, ob die gesamte Sache zerstört wird !

Maßgeblich ist, ob der jeweilige Bestandteil als solcher zerstört wird !
Die wichtigste Rechtsfolge für wesentliche Bestandteile ist die, dass sie bei einer Verbindung mit der Hauptsache "automatisch" dasselbe Rechtsschicksal wie die Hauptsache erleiden. „Wesentliche Bestandteile“ können nicht Gegenstand besonderer Rechte sein.

599. *Können Sie an einem Beispiel zeigen, was dies bedeutet ?*

Man kann sich dies an dem Beispiel der Lieferung unter Eigentumsvorbehalt klar machen :
Der Eigentumsvorbehalt an Sachen erlischt, wenn sie nach der Lieferung zu wesentlichen Bestandteilen anderer Sachen verarbeitet werden.
Beispiel: Der Autolack-Lieferant verliert sein Eigentum, wenn der unter Eigentumsvorbehalt gelieferte Autolack auf das Auto des Abnehmers aufgesprüht wird.

600. *Ist der Serienmotor eines PKW ein wesentlicher Bestandteil des PKW ?*

Nein, der Motor eines PKW ist nicht dessen wesentlicher Bestandteil. Er kann ohne Probleme aus diesem PKW ausgebaut und in einen neuen PKW eingebaut werden.
Es kommt also **nicht** darauf an, dass der PKW ohne Motor nicht funktionstüch-

tig ist.
Maßgeblich ist vielmehr, ob die einzelnen Teile, jeweils für sich funktionstüchtig sind.

601. *Was sind **einfache Bestandteile** ?*

Für einfache Bestandteile gilt der § 93 BGB nicht. Sie können ein von der Muttersache unterschiedliches rechtliches Schicksal haben. Sie sind sonderrechtsfähig.

602. *Worin unterscheiden sich einfache und wesentliche Bestandteile hinsichtlich der Rechtsfolgerungen ?*

Einfache Bestandteile sind **sonderrechtsfähig.**
Wesentliche Bestandteile sind **sonderrechtsunfähig.**

603. *Ist ein Gebäude eine „Sache" im Sinne des Rechts ?*

Nein. Ein Gebäude ist keine selbständige Sache im Sinne des Rechts. Ein Gebäude ist wesentlicher Bestandteil eines Grundstücks (§ 94 BGB).

604. *Ist die Definition des wesentlichen Bestandteils bei Grundstücken und Gebäuden erweitert oder eingeschränkt ?*

Nach § 94 BGB ist der Begriff des wesentlichen Bestandteils bei Grundstücken und Gebäuden erweitert:
a. Zu den wesentlichen Bestandteilen eines Grundstücks gehören auch die mit dem Grund und Boden fest verbundenen Sachen, insbesondere Gebäude sowie die Erzeugnisse des Grundstücks, solange sie mit dem Boden zusammenhängen.
b. Zu den wesentlichen Bestandteilen eines Gebäudes gehören auch die zur Herstellung des Gebäudes eingefügten Sachen.

605. *Was versteht man unter „**Scheinbestandteilen**" ?*

Scheinbestandteile sind solche, die nur zu einem vorübergehenden Zweck mit dem Grund und Boden verbunden sind. Das gleiche gilt von einem Gebäude oder anderem Werke, das in Ausübung eines Rechts an einem fremden Grundstück von dem Berechtigten mit dem Grundstück verbunden worden ist. Schließlich gehören nicht zu den Bestandteilen solche Sachen, die nur zu einem vorübergehenden Zweck in das Gebäude eingefügt wurden (§ 95 BGB).

606. *Welche Sachen fallen unter das **Zubehör** ?*

Zubehör sind bewegliche Sachen, die, ohne Bestandteile der Hauptsache zu sein, dem „wirtschaftlichen Zwecke der Hauptsache zu dienen bestimmt sind und zu ihr in einem dieser Bestimmung entsprechenden räumlichen Verhältnisse stehen“ (§ 97 BGB).

607. *Können Sie Beispiele für **Zubehör** nennen ?*

Die Einrichtung in einer Apotheke; das Inventar in einer Gastwirtschaft; der hoteleigene Omnibus; die Maschinen auf dem Fabrikgrundstück; die Lastwagen eines Fuhrparks; die Materialreserven einer Fabrik; die Orgel in der Kirche.

608. *Welche Besonderheiten gelten für den Zubehörbegriff bei **gewerblichen** und bei landwirtschaftlichen **Betrieben** ?*

Nach § 98 BGB sind die zum Betrieb bestimmten Maschinen und sonstigen Gerätschaften **Zubehör** des Gebäudes.
Das gleiche gilt bei landwirtschaftlichen Betrieben für Geräte, Vieh und die landwirtschaftlichen Erzeugnisse.

609. *Nennen Sie Beispiels für die Bedeutung des Zubehörs.*

a. In der Regel folgt das Zubehör in seinem rechtlichen Schicksal der Hauptsache. Das Zubehör ist auch ohne ausdrückliche Erwähnung **„im Zweifel“ mitverkauft** (§ 311 b BGB).
b. Zubehör kann jedoch rechtlich ein Sonderschicksal haben, z.B. kann es rechtswirksam unter Eigentumsvorbehalt geliefert werden, auch wenn die Hauptsache nicht unter Eigentumsvorbehalt geliefert wird.
c. Bei einer Grundstücksübereignung erlangt der Erwerber das Eigentum an den Zubehörstücken (z.B. den Lastkraftwagen eines gewerblichen Grundstücks, dem Vieh) mit dem Eigentum am Grundstück (§ 926 BGB).
d. Das Zubehör haftet für eine Hypothek und ist daher eine hervorragende Sicherheit (§ 1120 ff. BGB).

610. *Erstreckt sich die Haftung einer Hypothek auf die **Gondeln**, **Goldfische** und **Enten** eines Teichs einer Gastwirtschaft ?*

Ja. Die Gondeln, Goldfische und Enten dienen wirtschaftlich der Gastwirtschaft und sind daher Zubehör (§ 97 BGB).

611. *Was versteht man unter „**Nutzungen**“ ?*

Nutzungen sind die Früchte einer Sache oder eines Rechts sowie die Vorteile, welche der Gebrauch der Sache oder des Rechts gewährt (§ 100 BGB).
Früchte sind die Erzeugnisse der Sache und die sonstige bestimmungsgemäße Ausbeute (§ 99 BGB).

612. *Nennen Sie Beispiele für **Früchte**.*

Früchte einer Sache sind das vom Feld geerntete Korn, das Kalb einer Kuh.
Frucht eines Rechts ist der Zins.

§ 40. Besitz §§ 854 ff. BGB

613. *Was versteht man unter **Besitz** ?*

Der Besitz ist die tatsächliche Gewalt über eine Sache (§ 854 BGB). Auf das Recht zum Besitz kommt es nicht an. Auch der Dieb ist Besitzer.

614. *Kann man den Besitz als ein dingliches Recht an einer Sache ansehen ?*

Man kann den Besitz nicht als ein subjektives **„Recht“** bezeichnen. Der Besitz ist ein **realer Zustand**: die tatsächliche Gewalt über eine Sache (§ 854 Abs. 1 BGB). Die tatsächliche Gewalt liegt unabhängig davon vor, welche Rechte der Besitzer in Bezug auf die Sache hat. Ein Dieb ist Besitzer der gestohlenen Sache.
Allerdings schützt das BGB den Besitz an einer Sache vor Entzug oder Störung gegen den Willen des jeweiligen Besitzers durch die Anerkennung von Abwehrrechten gegen verbotene Eigenmacht: §§ 858, 859, 861, 862 BGB.
Aus diesem Grund wird die tatsächliche Stellung eines berechtigten Besitzers als „sonstiges“ „Recht“ gem. § 823 Abs. 1 BGB angesehen.
Der rechtsgrundlose Erwerb des Besitzes stellt eine Bereicherung dar (§ 812 Abs. 1 BGB).

615. *Wie wird der Besitz erlangt ?*

Der Besitz wird durch die Erlangung der tatsächlichen Gewalt erworben (§ 854 Abs.1 BGB).

616. *Kann man den Besitz auch durch eine bloße Einigung ohne eine Übergabe erlangen ?*

Ja, diese Möglichkeit besteht nach § 854 Abs.2 BGB. Voraussetzungen sind, dass

1. der Veräußerer unmittelbarer Besitzer ist, dass
2. der Erwerber eine Besitzergreifungsmöglichkeit hat (Schulbeispiel: Haufen Holz im Walde) und dass
3. eine rechtsgeschäftliche Einigung über den Besitzübergang erfolgt.

617. *Was ist **Eigenbesitz** ?*

Der Eigenbesitzer übt die tatsächliche Gewalt über die Sache mit dem Willen aus, sie wie ihm gehörend zu beherrschen (§ 872 BGB). Auf die wirklichen Eigentumsverhältnisse kommt es nicht an. Typischer Eigenbesitzer ist der Dieb !
Das Gegenstück zum Eigenbesitzer ist der Fremdbesitzer, der die Sache für einen anderen halten will, z.B. als Mieter.

618. *Worin liegt der Unterschied zwischen Eigen- und Fremdbesitz ?*

Der Unterschied liegt in der Willensrichtung des Besitzers (§ 872 BGB).

619. *Wann spielt der Begriff des Eigenbesitzes eine Rolle ?*

Eigenbesitz ist beispielsweise Voraussetzung für die Ersitzung (§ 937 BGB).

620. *Nennen Sie ein Beispiel für einen Fremdbesitzer !*

Der Mieter ist Fremdbesitzer, da er die Sache nicht als ihm gehörend besitzt.

621. *Was kennzeichnet einen **Besitzdiener** ?*

Besitzdiener ist, wer die tatsächliche Gewalt über eine Sache für einen anderen in dessen Haushalt oder Erwerbsgeschäft oder in einem ähnlichen sozial gebundenen Abhängigkeitsverhältnis ausübt, kraft dessen er den **sich auf die Sache beziehenden Weisungen** des anderen **Folge zu leisten** hat (§ 855 BGB).
Der Besitzdiener ist kein Besitzer. Besitzer ist nur der andere: der Besitzherr.

622. *Was versteht man unter **mittelbarem Besitz** im Verhältnis zum **unmittelbaren Besitz** ?*

Der Besitz ist durch die „tatsächliche Sachherrschaft gekennzeichnet.
Der unmittelbare Besitzer steht in einer unmittelbaren räumlichen Beziehung zur Sache und hat einen allgemeinen Beherrschungswillen (§ 854 BGB).
Der mittelbare Besitzer lässt die Sachherrschaft durch einen anderen für sich ausüben (§ 868 BGB): den „Besitzmittler". Der Besitzmittler ist unmittelbarer Besitzer.

Beispiel:
Ein Mieter ist unmittelbarer Besitzer. Er hält die Sache für den Vermieter.
Der Vermieter ist mittelbarer Besitzer.

Der mittelbare Besitz vollwertiger, wirklicher Besitz, obgleich es sich lediglich um eine vergeistigte (durch Vertrag vermittelte) Sachherrschaft handelt.

623. *Erläutern Sie die Besitzverhältnisse anhand eines Mietverhältnisses.*

Der Mieter ist unmittelbarer Besitzer. Der Vermieter ist mittelbarer Besitzer.
Das Mietverhältnis ist ein Besitzmittlungsverhältnis im Sinne von § 868 BGB.
Weiterhin kann nach der Willensrichtung differenziert werden:
Der Mieter ist unmittelbarer Fremdbesitzer, der Vermieter ist mittelbarer Eigenbesitzer.

624. *Wie wird der mittelbare Besitz übertragen ?*

Die Übertragung des mittelbaren Besitzes erfolgt durch eine Abtretung des Herausgabeanspruchs aus dem Besitzmittlungsverhältnis (§ 870 BGB, beispielsweise: der Vermieter tritt seinen Anspruch gegen den Mieter auf Herausgabe der Mietsache aus dem Mietverhältnis an einen Dritten ab).

625. *In welcher Weise kann eine Sache im Besitze mehrerer Personen stehen ?*

Mehrere Personen können gem. § 866 BGB an einer Sache gleichrangigen Mitbesitz haben.
Weiterhin können sie an einer einheitlichen Sache Teilbesitz begründen (§ 865 BGB), soweit Teile abgrenzbar sind (z.B. an der Wohnung eines Mietshauses). In diesem Fall haben mehrere Personen an der einheitlichen Sache nebeneinander jeweils auf ihren Teil beschränkt Alleinbesitz.

626. *Was ist ein **Besitzdiener** (§ 855 BGB) ?*

Der Besitzdiener übt die tatsächliche Gewalt über eine Sache für einen anderen in dessen Haushalt oder Erwerbsgeschäft oder in einem ähnlichen Verhältnis aus, vermöge dessen er den sich auf die Sache beziehenden Weisungen des anderen folge zu leisten hat. Besitzer ist nur der (andere) Besitzherr.

627. *Was ist ein **Besitzmittler** (§ 868 BGB) ?*

Der Besitzmittlung liegt nach § 868 BGB ein Rechtsverhältnis zugrunde, kraft dessen der Besitzmittler mit einem Fremdbesitzerwillen auf Zeit zum Besitz berechtigt ist (z.B. der Mieter).

628. *Was kann der Besitzer unternehmen, wenn ihm ein Dritter die Sache mit Gewalt wegnehmen will ?*

Der Besitzer kann sich verbotener Eigenmacht (§ 858 BGB) seinerseits mit Gewalt erwehren. Die sog. Besitzwehr bzw. Besitzkehr (§ 859 BGB) stellen einen Rechtfertigungsgrund dar.

629. *Welche Rolle spielt der Besitz einer beweglichen Sache bei einer Übereignung dieser Sache ?*

Zur Übertragung des Eigentums an einer beweglichen Sache ist erforderlich, dass neben der Einigung über den Eigentumsübergang der Erwerber vom bisherigen Eigentümer den Besitz an der Sache übertragen bekommt (§ 929 ff. BGB).

630. *Welche Selbsthilferechte stehen einem Besitzer zur Verteidigung seines Besitzrechts zu ?*

Der Besitzer ist zur **Besitzwehr** (§ 859 Abs.1 BGB) und zur **Besitzkehr** (§ 859 Abs.2 BGB) bei beweglichen Sachen und Grundstücken (§ 859 Abs.3 BGB) berechtigt.

631. *Wird der Besitzer zudem von sonstigen Vorschriften geschützt ?*

Der Besitz wird auch als "sonstiges Recht" im Sinne des § 823 Abs.1 BGB angesehen.

Seine Verletzung stellt sich daher als Verletzung eines absolut geschützten "Rechts" dar.

632. *Welche Arten der Besitzverschaffung kommen für die Übereignung in Betracht ?*

Die Besitzverschaffung kann auf vier Arten geschehen:

1. Der bisherige Eigentümer übergibt die zuvor in seinem unmittelbaren Besitz stehende Sache an den Erwerber und macht ihn so zum unmittelbaren Besitzer (so in § 929 Satz 1 BGB).

2. Die Beteiligten knüpfen an eine bereits früher erfolgte Übergabe des Besitzes an den Erwerber an; dieser wird nunmehr Eigenbesitzer (so in § 929 Satz 2 BGB).

3. Der Veräußerer bleibt unmittelbarer Besitzer, vereinbart aber mit dem Erwerber ein Besitzkonstitut und macht ihn so zum mittelbaren Besitzer der Sache (§ 930 BGB).

4. Der Veräußerer ist nur mittelbarer Besitzer und tritt seinen Herausgabeanspruch gegen den unmittelbaren Besitzer an den Erwerber ab, wodurch dieser neuer mittelbarer Besitzer wird (§ 931 BGB).

§ 41. Eigentum §§ 903 ff. BGB

I. Die Übereignung von **beweglichen** Sachen (§§ 929 ff. BGB)
II. Der gutgläubige Eigentumserwerb vom Nichtberechtigten (§§ 932 ff. GBG)
III. Der gesetzliche Eigentumserwerb (§§ 946 – 951)
IV. Eigentümer- Besitzerverhältnis §§ 985 ff. BGB
V. Abwehransprüche des Eigentümers gem. § 1004 BGB
VI. Das Anwartschaftsrecht
VII. Die Übereignung von **unbeweglichen** Sachen (Grundstücken)
   1. Die Übereignung eines Grundstücks
   2. Die Eigentumswohnung
   3. Das Erbbaurecht
   4. Das Grundbuch

633. *Was versteht man unter „**Eigentum**“ ?*

Das Eigentum ist das umfassendste dingliche Recht an einer Sache, das das Gesetz kennt (§ 903 BGB).
Das Eigentum ist auch verfassungsrechtlich gewährleistet (Art. 14 Grundgesetz).

634. *Ist der Ausdruck im Rechtssinn korrekt, jemand sei „Eigentümer seines Vermögens“ ?*

Nein, das ist in der sachenrechtlichen Terminologie unzutreffend.
Eigentum im rechtlichen Sinne besteht jeweils nur an einer konkreten Sache.
Im Sachenrecht gilt der sog. Spezialitätsgrundsatz.
Man ist also nicht „Eigentümer“ „eines Vermögens“, sondern lediglich Eigentümer eines Grundstücks, eines Kraftfahrzeugs, einer Maschine, u.s.w.
Zum Vermögen gehören auch Forderungen, dort heißt der Berechtigte: „Gläubiger“.

635. *Was sind die Grenzen des Eigentums ?*

Grenzen des Eigentums ergeben sich aus dem bürgerlichen Recht (das sog. Nachbarrecht, §§ 906 ff. BGB) und auch aus dem öffentlichen Recht (z.B. Baurecht oder Denkmalschutzrecht).

636. *Was ist im rechtlichen Sinne der Unterschied zwischen Eigentum und Besitz ?*

Das Eigentum ist die umfassende **rechtliche** Sachherrschaft.
Der Besitz ist die **tatsächliche** Sachherrschaft.

I. Die Übertragung des Eigentums (§§ 929 ff. BGB)

637. *Es gibt nur 4 Formen, in denen eine bewegliche Sache rechtswirksam übereig net werden kann. Welche 4 Varianten sind das ?*

1. Einigung und Übergabe (§ 929 Satz 1 BGB)
2. Einigung - (§ 929 Satz 2 BGB) - bloße Einigung genügt, wenn der Erwerber bereits im Besitz der Sache ist beispielswiese Veräußerung an einen Mieter, der die Sache bereits im Besitz hat.
3. Einigung und Abtretung eines Herausgabeanspruchs gegen einen Dritten (§§ , 398 BGB – beispielsweise eine an einen Dritten vermietete Sache wird veräußert
4. Einigung und Vereinbarung eines Besitzmittlungsverhältnisses – dann bleibt der Veräußerer unmittelbarer Besitzer, während der Erwerber nur den mittelbaren Besitz erlangt (§§ 930, 868 BGB) – beispielsweise Sicherungsübereignung an ein Kre ditinstitut.

638. *Wie viele Verträge sind erforderlich, um einen Pullover zu verkaufen und zu übereignen und die Zahlung abzuwickeln (§§ 433, 929 BGB) ?*

Es sind drei Verträge mit jeweils 2 Willenserklärungen (also insgesamt 6 Willenserklärungen) erforderlich:
1 Kaufvertrag (§ 433 BGB),
1 Übereignungsvertrag für den Pullover (§ 929 BGB),
1 Übereignungsvertrag für das Bargeld (§ 929 BGB).

639. *Wie wird in einem berühmten Schulbeispiel der* ***Haufen Holz im Walde*** *übereignet ? Geschieht dies durch Einigung und Übergabe gem. § 929 Satz 1 BGB o der durch eine bloße Einigung gem. § 929 Satz 2 BGB ?*

Die Übereignung des Haufen Holzes im Walde erfolgt nach § 929 Satz 1 BGB durch Einigung und Übergabe !
Die Übergabe der Sache jedoch gestaltet sich gem. § 854 Abs.2 BGB vereinfacht. Da der Erwerber bei einem Haufen Holz im Walde in der Lage ist, die Gewalt über die Sache selbständig zu erwerben und auszuüben, genügt eine einfache Einigung zwischen dem bisherigen Eigentümer und dem Erwerber.
Der Haufen Holz im Walde wird als durch zwei Einigungsverträge übereignet:

1. eine Einigung über den Eigentumsübergang ("hiermit bist Du Eigentümer") und
2. eine Einigung über den Besitzübergang ("hiermit bis du Besitzer") !

Das sind zwei verschiedene Einigungsverträge !

640. *Welche drei Voraussetzungen müssen vorliegen, damit eine wirksame Übereignung nach § 929 Satz 1 BGB vorgenommen werden kann ?*

1. „Einigung“ zwischen dem Eigentümer und dem Erwerber
2. „bewegliche Sache“
3. „Übergabe“.

641. *Kann man das Eigentum übertragen und dennoch den unmittelbaren Besitz behalten ?*

Im Grundsatz ja. Die Parteien können die Übergabe gem. § 930 BGB durch die Vereinbarung eines Besitzmittlungsverhältnisses (Besitzkonstitut gem. § 868 BGB) ersetzen.
Beispielsweise bleibt der Veräußerer Verwahrer oder Entleiher und darf die Sache weiter benutzen (z.B. Sicherungsübereignung eines PKW an eine Bank, der ehemalige Eigentümer benutzt den PKW weiter).

642. *Eine Übereignung kann in der Form des § 931 BGB durch Abtretung des Herausgabeanspruchs erfolgen. Wie sieht in diesem Fall die Konstellation aus ?*

In diesem Fall hat der Veräußerer nicht den unmittelbaren Besitz, beispielsweise, weil er die Sache verliehen oder vermietet hat. Er hat jedoch einen Herausgabeanspruch, z.B. gegen seinen Mieter. Dann kann er das Eigentum durch eine Einigung mit dem Erwerber und die Abtretung des Herausgabeanspruchs (§ 398 BGB) - sei es z.B. aus einem Mietvertrag oder sei es aus seinem Eigentum (§ 985 BGB) - an den Erwerber nach § 931 BGB übertragen. Der Veräußerer verliert seinen mittelbaren Besitz und der Erwerber wird mittelbarer Besitzer (z.B. wird er der neue Vermieter).

643. *Zu einer Übereignung ist eine **Einigung** erforderlich. Was ist darunter zu verstehen ?*

Die Einigung ist ein Vertrag mit zwei übereinstimmenden Willenserklärungen. Der Veräußerer erklärt: „Du bist jetzt Eigentümer !“ Der Erwerber erklärt: „Einverstanden“.
Er darf nicht sagen: Ich "verpflichte" mich hiermit, Dir das Eigentum zu übertragen !
Der Einigungsvertrag ist mit dem schuldrechtlichen Verpflichtungsgeschäft nicht identisch und darf mit diesem nicht verwechselt werden. Daher „gehört“ die Sache dem Käufer noch nicht, wenn er sie lediglich gekauft und sogar auch bezahlt hat.

Der Verkäufer ist lediglich "verpflichtet", dem Käufer die Sache zu übereignen (§ 433 Abs.1 Satz 1 BGB).

644. *Ist die Einigung nach § 929 BGB widerruflich ?*

Eine vorweggenommene Einigung kann bis zum endgültigen Eigentumserwerb durch die Übergabe oder durch die Übergabesurrogate widerrufen werden (umstritten, Umkehrschluss aus § 873 Abs.2 BGB und § 956 Abs.1 Satz 2 BGB).

645. *Welche Voraussetzungen müssen für eine Übergabe gem. § 929 Satz 1 BGB erfüllt sein ?*

Der Erwerber muss den Besitz an der Sache erlangen (§§ 854, 855, 868 BGB). Der Erwerb des unmittelbaren Besitzes ist nicht erforderlich.

646. *Was versteht man unter einer "Übergabe kurzer Hand" ?*

Nach § 929 Satz BGB genügt für eine Übereignung eine bloße Einigung, wenn der Erwerber bereits im Besitz der Sache ist (z.B. Übereignung an den Mieter).

647. *Wie erfolgt die Übereignung eines PKW, den der Erwerber beim Autohändler gemietet hatte ?*

Die Übereignung erfolgt nach § 929 S.2 BGB durch eine sogenannte „schlichte Einigung". Der Erwerber ist im Besitze der Sache, die Einigung über den Übergang des Eigentums ist ausreichend.

648. *Welche Hilfspersonen können bei der Übergabe eingeschaltet werden ?*

Sowohl der Veräußerer als auch der Erwerber können "Besitzdiener" (§ 855 BGB), "Besitzmittler" (§ 868 BGB) und sog. "Geheißpersonen" bei der Übergabe einschalten.

649. *Was versteht man unter einer* ***Geheißperson*** *?*

Eine Geheißperson auf der Veräußererseite ist derjenige, der auf Geheiß des Veräußerers den Besitz auf den Erwerber überträgt.
Eine Geheißperson auf der Erwerberseite ist derjenige, an den auf Geheiß des Erwerbers der Besitz übertragen wird.
Bei einer Geheißperson darf es sich weder um einen Besitzdiener noch um einen Besitzmittler handeln.

650. *Kann die Übergabe einer Sache durch einen Stellvertreter (§§ 164 ff. BGB) erfolgen ?*

Nein, das ist nicht möglich. Die Übergabe ist eine tatsächliche Handlung, die Vorschriften der §§ 164 ff. BGB für Stellvertreter erfordern die Abgabe einer Wil-

lenserklärung.
Der Stellvertreter muss hinsichtlich der Übergabe als Besitzdiener, Besitzmittler oder im Rahmen des Geheißerwerbes tätig werden.

651. *Eine Fangfrage !*
Werden durch die Übereignung nach § 929 Satz 1 BGB für die Vertragspartner Verpflichtungen begründet ?

Nein !
Mit einer Übereignung wird die Rechtslage hinsichtlich des Eigentums geändert.
Verpflichtungen werden **nicht begründet.** Unter Umständen werden Verpflichtungen **erfüllt.**
Die Übereignung ist ein Verfügungsgeschäft.

II. Gutgläubiger Eigentumserwerb vom Nichtberechtigten (§§ 932 ff. BGB)

652. *Kann man Eigentum auch von einem Nichteigentümer erwerben ?*

Grundsätzlich kann nur der Eigentümer oder ein von ihm bevollmächtigter Vertreter oder ein Verfügungsberechtigter das Eigentum an der ihm gehörenden Sache übertragen.
Ausnahmsweise ist jedoch ein Eigentumserwerb vom einem nichtberechtigten Veräußerer kraft guten Glaubens des Erwerbers aufgrund der § 932 ff. bzw. des § 892 BGB möglich.
Der wahre Eigentümer verliert dann sein Eigentum.

653. *Was versteht man unter dem „**gutem Glauben**" beim Eigentumserwerb vom Nichtberechtigten ?*

Ein Erwerber ist nicht in gutem Glauben, wenn ihm bekannt oder infolge **grober Fahrlässigkeit** unbekannt ist, dass die Sache nicht dem Veräußerer gehört (§ 932 Abs.2 BGB).
Es schaden dem Erwerber **Vorsatz** und grobe **Fahrlässigkeit.**
Einfache Fahrlässigkeit schadet dem Erwerber nicht.

654. *Was versteht man unter einer **Verfügungsbefugnis** des Nichtberechtigten ?*

Die Verfügungsbefugnis ist die Möglichkeit eines Nicht-Rechtsinhabers ein fremdes Recht im eigenen Namen zu verändern, aufzuheben oder zu übertragen (§ 185 BGB).
Dazu ist die Zustimmung des Berechtigten erforderlich.

655. *Wie unterscheidet sich die Willenserklärung die ein Stellvertreter eines Eigentümers für diesen abgibt von der Willenserklärung, die ein Verfügungsberechtigter bei der Übereignung einer Sache abgibt ?*

Der **Stellvertreter** gibt eine Willenserklärung **im Namen des Eigentümers** ab: „Ich übereigne Ihnen die Sache im Namen des Eigentümers".

Der **Verfügungsberechtigte** handelt mit Zustimmung des Eigentümers **im eigenen Namen**: „Ich übereigne Ihnen die Sache".

Im Falle der Stellvertretung wird dem Partner ersichtlich, dass die Sache dem Stellvertreter nicht gehört. Die Willenserklärung wird in fremdem Namen abgegeben.
Im Falle der Verfügungsberechtigung braucht dem Partner nicht ersichtlich zu werden, dass der Verfügungsberechtigte gar nicht der Eigentümer der Sache ist. Die Willenserklärung wird im eigenen Namen abgegeben (§ 185 BGB).

656. *Darf ein Händler, der Ware unter Eigentumsvorbehalt bezogen hat, diese vor ihrer Bezahlung weiter veräußern ?*

Lieferanten beliefern ihre Händler vielfach nur unter Eigentumsvorbehalt bis zur vollständigen Bezahlung der Ware (§ 449 BGB). Gleichzeitig erteilen sie jedoch dem Händler die Einwilligung, über die Ware im Rahmen des ordnungsgemäßen Geschäftsverkehrs zu verfügen. Daher können die Händler die Ware weiterveräußern (§ 185 BGB). Diese Befugnis besteht im Zweifel auch ohne eine ausdrückliche Abrede.

657. *Ist ein „gutgläubiger" Erwerber geschützt, wenn er weiß, dass der Veräußerer nicht der Eigentümer ist jedoch glaubt, dieser sei zur Veräußerung vom Eigentümer berechtigt worden ?*

Für die Beantwortung dieser Frage muss man unterscheiden:

1. Grundsätzlich schützen die §§ 932 ff. BGB ausschließlich den guten Glauben an die Rechtsinhaberschaft. Wenn der Erwerber positive Kenntnis hat, dass der Veräußerer nicht der Eigentümer ist, ist er nicht gutgläubig. Er wird nicht geschützt.
2. Im Handelsrecht wird der Vertrauensschutz erweitert (§ 366 HGB):
   bei einem Erwerb von einem nichtberechtigten **Kaufmann** reicht für den Erwerber der gute Glaube an die **Verfügungsmacht des Kaufmanns** aus.

658. *Welche Bedeutung hat das „**Abhandenkommen**" einer Sache für den gutgläubigen Erwerb von einem Nichteigentümer ?*

Ein gutgläubiger Eigentumserwerb an beweglichen Sachen ist dann **nicht möglich** ist, wenn die Sache dem Eigentümer "abhanden gekommen ist" – wenn der Eigentümer also den Besitz ohne seinen Willen verloren hat.
Das gilt allerdings nicht bei Geld- oder Inhaberpapieren oder bei der Veräußerung von Sachen in einer öffentlichen Versteigerung (§ 935 BGB).

659. *Was bedeutet "Abhandenkommen" im Sinne des § 935 Abs.1 BGB ?*

Abhandenkommen bedeutet "unfreiwilliger Verlust" des unmittelbaren Besitzes.

660. *An abhanden gekommenen Sachen kann man nicht gutgläubig Eigentum er werben. Eine Ausnahme gilt für Sachen, die im Wege öffentlicher Versteige rungen veräußert werden (§ 935 Abs.2 BGB). Wird man Eigentümer einer gestohlenen Sache, die man gutgläubig bei "ebay" ersteigert hat ?*

Nein. Das ist nicht der Fall. Die Versteigerung bei "ebay" ist keine "öffentliche Versteigerung" im Sinne des BGB, die von § 383 Abs.3 BGB gesetzlich definiert wird.
Der Ersteigerer ist verpflichtet, die ersteigerte Sache dem Eigentümer nach § 985 BGB herauszugeben. Er kann sich wegen Schadensersatzes nur an den Versteigerer bei ebay halten.

661. *Kann man durch Besitzverschaffung von einem Besitzdiener gutgläubig Eigentum erwerben ?*

Nein, die Weggabe durch den Besitzdiener ohne den Willen des Eigentümers ist für den Besitzherrn ein „Abhandenkommen" im Sinne von § 935 BGB.

662. *Was bezweckt der Abwehranspruch aus § 1004 BGB ?*

§ 1004 BGB sichert das Eigentum gegen Beeinträchtigungen, die keine Besitzentziehungen darstellen (z.B. eine Garagenzufahrt wird zugeparkt).
Die Vorschrift bezweckt die Herstellung des dem Inhalt des Eigentums entsprechenden Zustandes und die Beseitigung der Beeinträchtigung.
§ 1004 BGB setzt im Gegensatz zu § 823 BGB kein Verschulden des Störers voraus.

663. Worin liegt die Bedeutung des § 906 Abs.2 Satz 2 BGB ?

Der Abwehranspruch aus §§ 1004 in Verbindung mit 906 BGB verwandelt sich in einen Anspruch auf einen angemessenen Ausgleich in Geld („Aufopferungshaftung").

III. Gesetzlicher Eigentumserwerb

664. *In welchen Fällen spricht man von einem sog.* ***gesetzlichen Eigentumserwerb*** *?*

Vom gesetzlichen Eigentumserwerb spricht man in den Fällen, die in den §§ 946 ff. BGB geregelt sind:
1. Grundstücksverbindung (§ 946 BGB);
2. Verbindung von beweglichen Sachen (§ 947 BGB);
3. Vermischung und Vermengung von beweglichen Sachen (§ 948 BGB);

4. Verarbeitung (§ 950 BGB).

665. *Welche Rechtswirkungen hat die Verbindung einer Sache mit einer anderen Sache als deren wesentlicher Bestandteil ?*

Durch die Verbindung geht das bisher an der Sache bestehende Eigentum unter (§§ 946, 947 BGB).
Je nach Lage des Falls werden die bisherigen Eigentümer der Einzelsachen
- Miteigentümer der neu entstandenen Gesamtsache oder
- das Eigentum der Hauptsache erstreckt sich auf die als Bestandteil eingefügte Sache (vor allem bei Grundstücken und Gebäuden).
  Die bisherigen Eigentümer der eingefügten Sachen verlieren ihr Eigentum.

Geht auf diese Weise Eigentum unter, erfolgt im Verhältnis zum "Erwerber" gem. § 951 BGB ein Vermögensausgleich nach den Vorschriften der §§ 812 ff. BGB.

666. *Wann ist eine Sache* ***"Hauptsache"*** *und wann* ***"Nebensache"*** *gem. 947 Abs.2 BGB ?*

Der Begriff der Hauptsache ist im Gesetz nicht definiert. Maßgebend ist die Verkehrsanschauung. Hauptsache ist der Hauptbestandteil der Gesamtsache. Nebensache ist ein Bestandteil, der der Gesamtsache fehlen kann, ohne dass ihre praktische Verwendbarkeit beeinträchtigt wird (z.B. aufgeklebtes Plakat auf einer Plakatwand OLG Oldenburg NJW 1982, 1166).

667. *Wenn Geldscheine unterschiedlicher Eigentümer in einer Geldbörse oder Geldkasse miteinander vermengt werden entsteht dann Miteigentum an dem Geld in der Geldbörse oder Geldkasse gem. § 947, 948 BGB ?*

Nach herrschender aber umstrittener Meinung wird Geld in diesen Fällen als bewegliche Sache behandelt, mit der Rechtsfolge, dass Miteigentum an dem gesamten Geldbetrag entsteht.
Nach der sog. Geldwerttheorie ist demgegenüber bei Geld nicht das Eigentum an der Sache, sondern nur der verkörperte Geldwert maßgeblich. Dieser ist zu erstatten.

668. *Schadet bei einem Eigentumserwerb durch Verbindung, Vermischung oder Verarbeitung dem Erwerber Bösgläubigkeit ?*

Nein. Der Eigentumserwerb durch Verbindung, Vermischung oder Verarbeitung gem. §§ 946 bis 950 BGB erfolgt auch im Falle der Bösgläubigkeit des Erwerbers.
Ein Dieb, der mit gestohlenen Steinen ein Haus auf seinem Grundstück baut, erwirbt das Eigentum am Gebäude als wesentlichem Bestandteil des Grundstücks.
Der gute Glaube ist nur bei Eigentumsübertragung durch Rechtsgeschäft erforderlich.

669. *Unter welchen Voraussetzungen wird nach § 950 BGB durch Verarbeitung man einer neuen Sache Eigentum erworben?*

Voraussetzung ist, dass durch die Verarbeitung oder Umbildung
- eine neue bewegliche Sache entsteht und
- der Wert der Verarbeitung nicht erheblich geringer ist als der Wert des Stoffes.

670. *Wann ist eine Sache im Sinne von § 950 BGB "neu" ?*

Diese Frage beurteilt sich nach der allgemeinen Verkehrsanschauung, beispielsweise bei einem neuen Namen, einer völligen Umgestaltung des Ausgangsstoffes oder einer völlig anderen wirtschaftlichen Bedeutung der hergestellten Sache im Verhältnis zum Ausgangsstoff.

671. *Welche praktische Bedeutung hat die gesetzliche Regelung in § 950 BGB ?*

§ 950 BGB hat praktisch wichtige Auswirkungen für die Kreditsicherung: Durch die Verarbeitung erlischt ein eventueller Eigentumsvorbehalt des Zulieferanten. Der Zulieferer hat dann lediglich einen ungesicherten Anspruch aus dem Kaufvertrag.

672. *Wer ist **"Hersteller"** gem. § 950 BGB ?*

Hersteller ist derjenige, in dessen Namen und wirtschaftlichen Interesse die Herstellung erfolgt, dem nach der allgemeinen Verkehrsanschauung die Herstellung zuzurechnen ist. Das ist beispielsweise in einem Werkvertrag der Besteller des Werks und nicht der Unternehmer.

673. *Kann über die Frage, wer "Hersteller" ist, eine Vereinbarung getroffen werden ?*

Grundsätzlich ist nach herrschender Meinung die dingliche Regelung in § 950 BGB zwingendes Recht und kann nicht durch Vereinbarung abbedungen werden. Nach der Rechtsprechung des Bundesgerichtshofs ist es jedoch nicht maßgebend, wer die verarbeitende Tätigkeit ausführt, sondern in wessen Namen und Interesse die Verarbeitung nach der Verkehrsauffassung vom Standpunkt eines mit den Verhältnissen vertrauten objektiven Beobachters erfolgt (BGHZ 112, 243). Unter dieser Prämisse ist eine **fremdwirkende Verarbeitung zulässig**.

674. *Die A lässt sich von ihrem eigenen Stoff von einer Maßschneiderin ein Hoch zeitskleid anfertigen. Wer ist Herstellerin des Hochzeitskleids und muss die Schneiderin das Hochzeitskleid der A übereignen ?*

Die A hat aufgrund eines Werkvertrages aus eigenem Material eine neue Sache anfertigen lassen und sie ist daher Herstellerin im Sinne des § 950 BGB. Eine gesonderte Übereignung ist nicht erforderlich.

675. *Wie kann sich ein Lieferant gegenüber seinem Abnehmer gegen den Verlust seines Eigentums absichern ?*

Der Lieferant kann sich durch folgende Vertragsklauseln schützen:
1. Es wird eine sog. „**Hersteller- oder Verarbeitungsklausel**" vereinbart: Zwischen Lieferanten und Hersteller wird vereinbart, dass der Lieferant un ter Ausschluss des § 950 BGB „Hersteller" der Ware wird. Eine derartige Klausel wird von der Rechtsprechung als zulässig angesehen (BGHZ 20, 159; ein nicht nach außen erkennbarer entgegenstehender Wille des Verarbeiters ist unbeachtlich).
2. Es wird ein sog. „**verlängerter Eigentumsvorbehalt**" vereinbart: Soweit der Verarbeitende durch die Veräußerung der von ihm produzierten Sachen Forderungen gegen seine Abnehmer erhält (beispielsweise Kaufpreisforderungen nach § 433 Abs.2 BGB), werden diese im voraus an den Zulieferer abgetreten.

676. *Bilden Sie einen Fall, in dem eine **Ersitzung** in Betracht kommt.*

Ein Gutgläubiger hat vor wenigstens 10 Jahren auf einem Flohmarkt eine gestohlene Sache erworben. Er kann das Eigentum „ersitzen", wenn er die Sache 10 Jahre gutgläubig im Eigenbesitz hat (§ 937 BGB).
Eventuelle Herausgabeansprüche des Eigentümers verjähren nach § 199 Abs.4 BGB von ihrer Entstehung an nach 10 Jahren.

677. *Was versteht man unter einer herrenlosen Sache (§ 958 BGB) ?*

Eine herrenlose Sache hat keinen Eigentümer. Man kann sie sich aneignen und wird Eigentümer.

678. *Unter welchen Voraussetzungen kann man Eigentum an **gefundenen Sachen** erlangen ?*

Grundsätzlich erwirbt ein Finder nach 6 Monaten nach einer Anzeige des Fundes bei der zuständigen Behörde das Eigentum an der gefundenen Sache (§§ 973 ff. BGB). Erforderlich ist, dass die Sache "verloren", das heißt "besitzlos" aber nicht "herrenlos" worden ist.

679. *Hat der Finder eines 500.-- €uroscheins im Supermarkt einen Anspruch auf Finderlohn ?*

Nein, der 500,-- €uroschein im Supermarkt ist nicht "verloren" worden, da er nicht "besitzlos" ist. Der Inhaber des Supermarkts hat einen allgemeinen Besitzerwerbswillen an sämtlichen Sachen, die sich in seinem Herrschaftsbereich befinden, insbesondere im Interesse an den "verlorenen" Sachen seiner Kunden, denen er die Sachen zurückgeben will.

680. *Welches ist der Unterschied zwischen einem Fund und einer Aneignung ?*

Der Fund betrifft eine Sache, die einen Eigentümer hat.
Die Aneignung betrifft eine herrenlose Sache.

IV. Eigentümer- Besitzerverhältnis §§ 985 ff. BGB

681. *Welches ist der bedeutsamste* ***Herausgabeanspruch des Eigentümers*** *gegen einen Besitzer ?*

Der Anspruch aus **§ 985 BGB** gegen jeden Besitzer, der gemäß **§ 986 BGB** kein Recht zum Besitz hat.

682. *Woraus kann sich ein Besitzrecht ergeben ?*

Aus Vertrag, beispielsweise aus Miete, Verwahrungsvertrag oder Pfandrecht.

683. *Welchen Inhalt hat der Anspruch des Eigentümers gegen den Besitzer nach § 985 BGB ?*

Der Herausgabeanspruch richtet sich auf Übergabe der Sache.

684. *Was versteht man unter einem redlichen Besitzer im Sinne von §§ 985 ff. BGB ?*

Der redliche Besitzer hat kein Recht zum Besitz (gemäß § 986 BGB), er ist jedoch in Bezug auf sein fehlendes Besitzrecht gutgläubig

685. *Wann verjährt der Anspruch aus § 985 BGB ?*

Der Anspruch aus § 985 BGB verjährt in 30 Jahren (§ 197 Abs.1 Satz 1 BGB).

V. Abwehransprüche des Eigentümers gem. § 1004 BGB

686. *Welches sind die Voraussetzungen für einen Abwehranspruch des Eigentümers nach § 1004 BGB ?*

Ein Eigentümer, dessen Eigentum durch andere Weise als durch Entziehung oder Vorenthaltung des Besitzes beeinträchtigt wird, kann von dem Störer die Beseitigung der gegenwärtigen und die Unterlassung der drohenden Beeinträchtigungen verlangen (§ 1004 BGB).

VI. Anwartschaftsrecht

687. *Was versteht man unter einem Anwartschaftsrecht ?*

Unter einem Anwartschaftsrecht versteht man wenn von einem mehraktigen Erwerbsvorgang für ein Recht bereits mehrere Teilakte erfüllt sind, so dass von einer gesicherten Rechtsposition des Erwerbers gesprochen werden kann, die der andere an der Entstehung des Rechts Beteiligte nicht mehr einseitig zerstören kann.

VII. Eigentumsübertragung an unbeweglichen Sachen (Grundstücken)

1. Die Übereignung eines Grundstücks

688. *Welche wichtige unterschiedliche rechtliche Behandlung erfahren bewegliche und unbewegliche Sachen durch das BGB ?*

Bewegliche Sachen (Mobilien) werden durch Einigung und **Übergabe** übereignet (§ 929 Satz 1 BGB).
Unbewegliche Sachen (Immobilien) werden durch Einigung und **Eintragung im Grundbuch** übereignet (§§ 873 , 925 BGB).

689. *Wie unterscheiden sich die Formalitäten der rechtsgeschäftlichen **Übereignung** von beweglichen Sachen von der Übereignung eines Grundstücks ?*

Einigung und Übergabe
Die Übereignung von *beweglichen Sachen* erfolgt gem. **§ 929 BGB** durch eine **formlose** Einigung und durch **Übertragung des Besitzes** auf den Erwerber.

Einigung und Eintragung
Die Übereignung eines *Grundstücks* gem. § 873 Abs.1 BGB erfordert eine **notariell beurkundete** Einigung (= **Auflassung**) **„bei gleichzeitiger Anwesenheit beider Teile vor einer zuständigen Stelle** (in der Regel ein Notar - **§ 925 BGB**) und die **Eintragung** des Erwerbers **im Grundbuch**.
Die "gleichzeitige Anwesenheit beider Teile" bedeutet nicht, dass die Vertragspartner persönlich anwesend sein müssten. Die Parteien können vertreten werden.
Ein **Vertrag**, durch den sich der eine Teil **verpflichtet**, das Eigentum an einem Grundstück zu übertragen, bedarf der **notariellen Beurkundung** (§ 311 b BGB).

690. *Was versteht man unter einer **Auflassung** ?*

Die Auflassung ist der **Name** für **die Einigung** bei der Übereignung von Grundstücken (§ 925 BGB).

691. *Kann sich der Verkäufer eines Grundstücks das Eigentum an dem Grundstück bis zur vollständigen Bezahlung des Kaufpreises vorbehalten, wie dies bei beweglichen Sachen möglich ist ?*

Nein, die Auflassung ist bedingungsfeindlich (§ 925 Abs. 2 BGB). Die Auflassung kann also nicht unter der aufschiebenden Bedingung der Kaufpreiszahlung erfolgen, wie dies bei beweglichen Sachen zulässig ist.

692. *Kennt das Gesetz den Erwerb des Grundeigentums von einem Nichtberechtigten ?*

Ja, unter den Voraussetzungen des § 892 BGB.

693. *Können Sie ein Beispiel bilden ?*

Der **geschäftsunfähige** Grundstückseigentümer A veräußert das Grundstück an B.
Der B kann kein Eigentum erwerben, obwohl er im Grundbuch eingetragen wird, da der Veräußerer geschäftsunfähig war (§ 105 Abs.1 BGB).
Veräußert B das Grundstück seinerseits weiter an X, so erwirbt der X gemäß § 892 BGB das Eigentum, wenn er die Nichtberechtigung des B nicht kennt.

2. Die Eigentumswohnung

694. *Sie wollen ein Mehrfamilienhaus in **Eigentumswohnungen** aufteilen.*
1. Was ist zu veranlassen ?
*2. Welche Bedeutung hat die sog. **Abgeschlossenheitsbescheinigung** ?*

1. Eine Teilungserklärung gegenüber dem Grundbuchamt gemäß § 8 WEG.
2. Sie ist Eintragungsvoraussetzung gemäß § 3 Abs.2 und § 7 Abs.4 Nr. 2 WEG.

3. Das Erbbaurecht

695. *Was versteht man unter einem Erbbaurecht ?*

Das Recht, auf fremdem Grundstück ein Bauwerk zu haben (§ 1 ErbbauVO).

696. *Wo ist das Erbbaurecht geregelt ?*

In der ErbbauVO von 1919.

4. Das Grundbuch

697. *Welche Bedeutung hat das Grundbuch für den Rechtserwerb an Grundstücken und an Grundstücksrechten ?*

Das Eigentum oder andere Rechte an einem Grundstück können nur erworben, aufgehoben oder übertragen werden, wenn die Rechtsveränderung **im Grundbuch eingetragen** ist (§ 873 BGB). Diese Eintragung im Grundbuch ist somit neben der Einigung zwischen den Beteiligten Wirksamkeitsvoraussetzung des Rechtsgeschäfts.

Ebenso können auch Rechte an Grundstücksrechten in der Regel nur durch Eintragung im Grundbuch erworben oder übertragen werden.

698. *Wo wird das Grundbuch geführt ?*

Die Grundbücher werden bei den Amtsgerichten von den dort angesiedelten Grundbuchämtern geführt.

699. *Was ist eine **Vormerkung** im Grundbuch (§ 883 BGB) ?*

Die Vormerkung ist ein Mittel zur Sicherung des Anspruchs auf Einräumung oder Aufhebung eines Rechts an einem Grundstück. Sie soll zugunsten des Begünstigten verhindern, dass der Rechtserwerb durch Zwischenverfügungen des Eigentümers beeinträchtigt oder vereitelt wird. Die wichtigste Vormerkung ist die **sog. Auflassungsvormerkung.** Sie sichert den Anspruch des Grundstückskäufers auf Übereignung.

700. *Was versteht man im Grundstücksrecht unter einem **Widerspruch** ?*

Ein Widerspruch wird auf Antrag dann in das Grundbuch eingetragen, wenn es zu einer unrichtigen Eintragung gekommen ist (§ 899 BGB).

701. *Welche Funktion hat der Widerspruch ?*

Er dient der Verhinderung von Verfügungen des durch die unrichtige Eintragung Begünstigten (§ 892 BGB).

702. *Wie lauten die Kurzformeln für Widerspruch und Vormerkung ?*

Die Vormerkung „prophezeit".
Der Widerspruch „protestiert".

703. *Was ist zur Berichtigung einer unrichtigen Grundbucheintragung zu veranlassen ?*

Es ist vor allem die Bewilligung des durch die Eintragung formell Begünstigten erforderlich. Wird sie nicht freiwillig erteilt, kann Klage erhoben werden (§ 894 BGB).

§ 42. Dingliche Kreditsicherungsrechte

I. Das Pfandrecht an beweglichen Sachen
II. Die Sicherungsübereignung
III. Hypothek und Grundschuld

I. Das Pfandrecht an beweglichen Sachen

704. *Welche beschränkt dinglichen Rechte können an beweglichen Sachen begründet werden ?*

Beschränkt dingliche Rechte an beweglichen Sachen können ausschließlich als Nießbrauch (§§ 1030 ff. BGB) oder als Pfandrecht (§§ 1204 ff. BGB) vereinbart werden.

705. *Was ist der Unterschied zwischen **Nießbrauch** und **Pfandrecht** an einer Sache ?*

Mit dem Nießbrauch wird ein Nutzungsrecht übertragen, das Pfandrecht ist ein Recht zur Verwertung der Sache.

706. *Wie wird ein Pfandrecht an einer beweglichen Sache begründet ?*

Ein Pfandrecht wird durch Vertrag (§§ 1204 ff. BGB) oder kraft Gesetzes begründet (z.B. § 647 BGB).

707. *Wie wird ein vertragliches Pfandrecht begründet ?*

Ein vertragliches Pfandrecht wird
- 1. durch einen Einigungsvertrag über die Verpfändung der Sache zur Sicherung einer Forderung
  und
- 2. durch die Übergabe der Pfandsache

begründet.

708. *Worin liegt der Vorteil einer **Sicherungsabtretung** im Vergleich zu einer **Verpfändung** von Forderungen ?*

Die Verpfändung einer Forderung bedarf zu ihrer Wirksamkeit der Anzeige an den Schuldner (§ 1280 BGB). Die Verpfändung muss also offen gelegt werden. Dies ist bei einer Sicherungsabtretung nicht der Fall (§ 398 BGB). Zu ihrer Wirksamkeit ist eine Benachrichtigung des Schuldners nicht notwendig. Sie kann also als „stille“ Zession erfolgen.

II. Die Sicherungsübereignung einer beweglichen Sache

709. *Welche Rechtsform der 4 Übereignungsmöglichkeiten der §§ 929 ff. BGB wird in der Regel für die Sicherungsübereignung gewählt ?*

Die Sicherungsübereignung erfolgt in der Regel durch ein Besitzkonstitut gem. §§ 929, 930 BGB.

710. *Wie sind die Eigentums- und Besitzverhältnisse bei dieser **Sicherungsübereignung** ?*

Der Kreditnehmer bleibt unmittelbarer Besitzer, die Bank wird mittelbare Besitzerin.

711. *Nach § 868 BGB muss ein Besitzmittlungsverhältnis vereinbart werden. Was ist dazu konkret erforderlich ?*

Diese Frage ist umstritten.
Nach einem Teil der Lehre ist es erforderlich ein konkretes Besitzmittlungsverhältnis zu vereinbaren, also z.B. das Kreditinstitut verleiht die Sache an den Kreditnehmer.
Nach herrschender Meinung reicht es aus, wenn als allgemeines Besitzmittlungsverhältnis der Sicherungsvertrag ("zur Sicherheit übereignet") geschlossen wird, der die Berechtigung zum Besitz "auf Zeit" beinhaltet.
Eines näheren, konkreten Besitzmittlungsverhältnisses bedarf es nicht.

712. *Worin besteht der praktische Unterschied zwischen einem Pfandrecht und der Sicherungsübereignung bzw. dem Eigentumsvorbehalt als Kreditsicherungsmittel ?*

Das Pfandrecht an einer beweglichen Sache besteht nur dann, wenn der Gläubiger die Pfandsache in unmittelbarem Besitz hat (§§ 1205, 1253 BGB). Der Gläubiger muss die Sache gem. § 1215 BGB für den Schuldner verwahren.
Demgegenüber ist bei der Sicherungsübereignung und beim Eigentumsvorbehalt der Kreditnehmer unmittelbarer Besitzer der als Sicherheit dienenden Sache. Er kann die Sache während der Dauer der Kreditgewährung nutzen. Der Gläubiger braucht sich nicht um die Verwahrung der Sache zu kümmern.
Allerdings trägt der Gläubiger das Risiko, dass der Schuldner die Sache abredewidrig an einen gutgläubigen Erwerber weiter veräußert und so das Sicherungsrecht zum Erlöschen bringt.

713. *Warum hat sich die Sicherungsübereignung in der Wirtschaftspraxis im Gegensatz zu den Pfandrechten heute so stark durchgesetzt ?*

Die Sicherungsübereignung bietet Kreditinstituten den Vorteil, dass die Sachen im Gegensatz zu einem Pfandrecht nicht in eigenen Räumlichkeiten aufbewahret werden müssen.
Die Sicherungsübereignung bietet Schuldner den Vorteil, dass die Sachen im Gegensatz zu einer Verpfändung weiter im Besitz halten und wirtschaftlich nutzen können.

714. *Wessen Rechte gehen vor, wenn eine Kundenforderung sowohl von dem verängerten Eigentumsvorbehalt eines Lieferanten als auch von der Globalzession zugunsten einer Bank erfasst wird ?*

Die zeitlich frühere Abtretung geht vor (Prioritätsprinzip).

715. *Warum ist die Sicherungsübereignung in der Kreditsicherungspraxis so häufig ?*

Eine Übergabe des Sicherungsgutes wäre in doppeltem Sinne unerwünscht: Einmal würde die Verwahrung des Sicherungsgutes Lagerprobleme bei der Bank verursachen, zum anderen wäre das Sicherungsgut (z.B. Maschinen) dem Produktionsprozess des Sicherungsgebers entzogen, was dem Kreditzweck genau entgegenlaufen würde.
Bei der Sicherungsübereignung bleibt für den Außenstehenden alles beim alten. Es kommt allerdings zu einer Änderung der Rechtszuständigkeit, die im Sicherungsfall (z.B. im Falle einer Insolvenz) von erheblicher praktischer Bedeutung ist.

III. Hypothek und Grundschuld

716. *Was versteht man unter einer* ***Hypothek*** *?*

Eine Hypothek ist ein akzessorisches Pfandrecht auf einem Grundstück „zur Befriedigung einer Geldforderung" des Gläubigers, ein sog. **Grundpfandrecht** (§ 1113 BGB).
Sie ist von dem Bestehen einer zu sichernden Forderung abhängig (akzessorisch).

717. *Was versteht man unter einer* ***Grundschuld*** *?*

Eine Grundschuld ist ein **nicht akzessorisches** Pfandrecht auf einem Grundstück, ein sog. **Grundpfandrecht** (§ 1191 BGB).
Die Grundschuld ist im Unterschied zur Hypothek nicht von dem Bestehen einer zu sichernden Forderungen abhängig.

718. *Was bedeutet die* ***Akzessorietät*** *des Pfandrechts und der Hypothek ?*

Die Akzessorietät der Hypothek und des Pfandrechts bedeutet, dass diese Pfandrechte nur dann und nur so lange bestehen, wie eine persönliche Forderung vorhanden ist, die durch dieses Recht gesichert wird. Das ergibt sich aus den §§ 1163 Abs. 1 bzw. 1252 BGB.

719. *Welche Folgerungen ergeben sich aus der Akzessorietät ?*

Der Bestand des Pfandrechts hängt von der Existenz der zu sichernden Forderung ab.
Der Grundstückseigentümer und der Verpfänder können dem Rechtsinhaber alle Einwendungen entgegenhalten kann, die gegen die Durchsetzung der persönlichen Forderung erhoben werden können (§§ 1137 bzw. 1211 BGB).
Hypothek und Pfandrecht können nur zusammen mit der Forderung übertragen werden kann (§§ 1153 bzw. 1250 BGB).
Wird eine Forderung übertragen, gehen Pfandrechte und Hypotheken mit über (§ 401 BGB).

720. *Gibt es Grundpfandrechte, die nicht akzessorisch sind ?*

Die Grundschuld ist ein abstraktes Verwertungsrecht; ihr Bestand ist nicht von der Existenz einer zu sichernden Forderung abhängig (§§ 1191, 1192 BGB).

721. *Haftet der Grundstückseigentümer für eine Hypothek auch persönlich mit seinem gesamten Vermögen ?*

Nein. Der Grundstückseigentümer hat nur die Zwangsvollstreckung in sein Grundstück zu dulden (§ 1147 BGB). Mit seinem sonstigen Vermögen haftet er nicht.

722. *Welche Rechtswirkung hat die Bezahlung einer hypothekengesicherten Forderung, wenn Grundstückseigentümer und Schuldner identisch sind ?*

Die Erfüllung einer Forderung bewirkt deren Erlöschen (§ 362 Abs.1 BGB). Die Hypothek wandelt sich in eine Eigentümergrundschuld um (§§ 1163 Abs.1 Satz 2, 1177 Abs.1 BGB).

723. *Welche Hypothekenart ist der Regelfall ?*

Der Regelfall ist die Briefhypothek. Bei einer Buchhypothek müssen sich die Parteien über den Ausschluss des Hypothekenbriefs einigen und der Briefausschluss muss in das Grundbuch eingetragen werden (§ 1116 Abs.2 BGB).

724. *Wie wird der Eigentümer davor geschützt, dass die Grundschuld geltend gemacht wird, ohne dass eine zu sichernde Forderung besteht ?*

Der Eigentümer kann sich gegen eine ungerechtfertigte Inanspruchnahme aus der Grundschuld dadurch schützen, dass er zugleich mit der Bestellung der Grundschuld mit dem Gläubiger eine Sicherungsabrede vereinbart, durch die der Gläubiger verpflichtet wird, die Rechte aus der Grundschuld nur dann und nur insoweit auszuüben, wie die Grundschuld durch eine persönliche Forderung valutiert ist.

725. *Was ist einer Hypothek und einer Grundschuld gemeinsam und worin besteht der Unterschied zwischen ihnen ?*

Hypothek und Grundschuld sind beides sog. „Grundpfandrechte“.
Grundpfandrechte sind Pfandrechte an Grundstücken.
Der Unterschied zwischen einer Hypothek und einer Grundschuld besteht darin:
Die **Hypothek** setzt die Existenz einer zu sichernden Forderung voraussetzt. Sie ist ein akzessorisches Kreditsicherungsmittel. Die Hypothek kann nur dann ausgeübt werden, wenn der Hypothekengläubiger zugleich Inhaber der persönlichen Forderung ist, für die die Hypothek bestellt worden war. Solange und

soweit eine Forderung nicht vorhanden ist, wandelt sich die Hypothek gem. §§ 1163, 1177 BGB kraft Gesetzes in eine Eigentümergrundschuld um.
Die **Grundschuld** besteht dagegen als Verwertungsrecht unabhängig von dem Vorhandensein einer persönlichen Forderung. Für die Grundschulden gelten die Vorschriften des Hypothekenrechts nur insoweit, als diese nicht von der Existenz einer persönlichen Forderung ausgehen (§ 1192 BGB).

726. *Was ist eine Briefgrundschuld ?*

Die Briefgrundschuld wird durch Einigung, Eintragung in das Grundbuch und Übergabe des Grundschuldbriefes bestellt (§ 1117 BGB). Durch die Existenz eines Briefs unterscheidet sie sich von einer Buchgrundschuld.

727. *Wie wird eine Briefgrundschuld übertragen ?*

Die Übertragung einer Briefgrundschuld erfolgt durch schriftliche Abtretung o d e r Eintragung der Abtretung in das Grundbuch und **Übergabe** des Grundschuldbriefs (§§ 1192, 1154 Abs. 1 BGB). Siehe §§ 1154, 1155 BGB.

728. *Was ist eine Eigentümergrundschuld ?*

Die Grundschuld kann auch für den Eigentümer des Grundstücks selbst bestellt werden. Diese Grundschuld des Eigentümers an seinem eigenen Grundstück ist eine echte Grundschuld, mit der einzigen Besonderheit, dass der Eigentümer nicht von sich aus die Zwangsvollstreckung in sein eigenes Grundstück betreiben kann (§ 1197 BGB).
Die Bestellung einer Eigentümergrundschuld geschieht durch eine einseitige Erklärung gegenüber dem Grundbuchamt.

729. *Welche Rechte hat der Berechtigte aus einem Grundpfandrecht im Falle der Verwertung seiner Sicherheit ?*

Er hat gegen den Grundstückseigentümer einen Anspruch auf Duldung der Zwangsvollstreckung (§ 1147 BGB).

730. *Bei einem grundpfandrechtlich gesicherten Kredit ziehen Kreditinstitute heute regelmäßig die Grundschuld der Hypothek vor. Warum ?*

Bei einer Tilgung des Kredits erlischt eine Hypothek und müsste bei einem neuen Kredit wieder neu bestellt werden.
Eine Grundschuld bleibt als Kreditsicherungsrechts bestehen und kann für einen neuen Kredit als Sicherung verwendet werden, ohne dass sie neu bestellt werden müsste.
Die Grundschuld ist insofern praktikabler.

Sachverzeichnis

Leicht § *Lernen*

Bürgerliches Recht - Frage und Antwort -
730 Fragen und Antworten, 145 Seiten, 2. Ausgabe 2013
von Prof. Dr. Dieter Klett

Handels- und Gesellschaftsrecht - Frage und Antwort -
309 Fragen und Antworten, 73 Seiten, 2. Ausgabe 2013
von Prof. Dr. Dieter Klett – Prof. Dr. Volker Mayer

Internationales UN-Kaufrecht - Frage und Antwort -
457 Fragen und Antworten, 96 Seiten, 2. Ausgabe 2013
von Prof. Dr. Dieter Klett

Es ist das besondere pädagogische Anliegen dieser Reihe "leicht lernen", das lernen zu erleichtern und unter Verwendung moderner exklusiver Kommunikations- und Vertriebswege das auf jahrzehntelanger Erfahrung beruhendes Lehrmaterial besonders preisgünstig als **e-book** oder als **print-Ausgabe** anzubieten. Der Exklusivvertrieb liegt aus Kostengründen bei der Fa. amazon. Ein zusätzlicher Vertrieb über den klassischen Buchhandel würde die Werke um etwa 30 - 40 % verteuern.
Für das e-book bietet amazon derzeit unter *www.amazon.de/gp/kindle/kep* kostenlose Software als Lese-App zum downloaden an. Mit dieser Software kann das e-book nicht nur auf dem Kindle, sondern jederzeit und überall, zu Hause oder unterwegs auf dem PC, auf dem Kindle oder einem anderen Tablet-Computer, auf einem i-phone oder Android-smartphone gelesen werden.
Das Kindle Lese-App ist für alle führenden Computer, Tablets und smartphones erhältlich, unabhängig von Windows, mac oder linux: Der Zeitaufwand für den Besuch von Bibliotheken ist reduziert. Amazon sagt dazu: einmal kaufen, überall lesen. Und da Amazon dem Käufer von e-books kostenlos sämtliche folgenden Ausgaben dieses Buchs anbietet, kann man hinzufügen: einmal kaufen und sämtliche weitere Ausgaben kostenlos beziehen. So ist der Leser immer auf dem neuesten Stand.

33807165R00087

Printed in Poland
by Amazon Fulfillment
Poland Sp. z o.o., Wrocław